RÉUSSIR L'ASSR

ATTESTATION SCOLAIRE DE SÉCURITÉ ROUTIÈRE

EDISER
ÉDITION SÉCURITÉ ROUTIÈRE

EDISER - 381 rue Raymond Recouly - CS 20043
34078 MONTPELLIER - FRANCE
Tél. : +33 (0)4 67 07 00 06 - Fax : +33 (0)4 67 07 34 00 - www.ediser.com

IMPRIM'VERT
Votre imprimeur agit pour l'environnement

ISBN : 978-2-35163-112-9
Réf. 27119 v14-2
0414

L'ASSR

Le ministère chargé de l'éducation organise un contrôle de connaissances qui vient sanctionner l'enseignement dispensé en sécurité routière.

Les Attestations Scolaires de Sécurité Routière sont des examens sanctionnant des connaissances élémentaires.

Il en existe deux :
- une attestation de 1er niveau qui se passe en 5ème,
- une attestation de 2nd niveau qui se passe en troisième 4ème.

La préparation de ces deux attestations est du ressort des établissements scolaires. **Elle sont obligatoires.**

Les jeunes sortis du milieu scolaire, qui n'ont pas obtenu l'une ou l'autre de ces attestations, peuvent passer dans les GRETA (groupement d'établissements d'enseignement et de formation continue pour adultes) une épreuve de remplacement, l'attestation de sécurité routière (ASR). L'ASR se substitue aux ASSR 1er et 2nd niveaux.

Les deux niveaux de l'ASSR sont indépendants, il n'est pas obligatoire d'avoir été reçu au 1er niveau pour se présenter au 2nd niveau.

L'attestation est attribuée aux élèves ayant obtenu au moins 10/20 aux épreuves et donne lieu à la délivrance d'une attestation de réussite validée par le chef d'établissement.

■ L'Attestation Scolaire de Sécurité Routière

Pour conduire un cyclomoteur, il faut avoir au moins 14 ans et posséder le BSR "option cyclomoteur".

Pour conduire un quadricycle léger à moteur, il faut avoir au moins 16 ans et posséder le BSR "option quadricycle léger".

Le BSR correspond à la formation pratique de 7 heures. Elle s'effectue dans des écoles de conduite 2 roues (écoles de conduite spécialisées). Pour s'y inscrire, vous devez avoir obtenu l'ASSR1 ou 2 ou encore l'ASR.

Cette partie pratique concerne uniquement les jeunes intéressés par la conduite d'un cyclomoteur ou d'un quadricycle léger à moteur.

Une fois obtenu, le BSR vous permet de solliciter le permis de la catégorie AM. Ce n'est qu'une fois en sa possession que vous pourrez conduire un cyclomoteur.

Cette formation de 7 heures est à la charge de l'élève.

Le permis AM est obligatoire pour conduire un cyclomoteur, il vous sera délivré après la formation au BSR.

■ L'Attestation Scolaire de Sécurité Routière de 2ème niveau et le permis de conduire

Toutes les personnes nées à compter du 1er janvier 1988 doivent être en possession de l'une des deux ASSR ou de l'ASR, pour pouvoir s'inscrire au permis de conduire. Ces trois attestations sont équivalentes pour se présenter en formation au Brevet de Sécurité Routière et obtenir la catégorie AM du permis de conduire.

Sommaire

1 / Les piétons ____ **5**

Les différents usagers des trottoirs / Utilisation des trottoirs /
Les passages piétons / Les feux de piétons /
Circuler hors agglomération / Les transports scolaires

2 / Les cyclistes ____ **13**

Les voies de circulation spécifiques / Circuler en groupe /
Les zones piétonnes / Changer de direction /
L'équipement du cycle / Être vu

3 / Les cyclomotoristes ____ **21**

La position sur la chaussée / Les pistes et bandes cyclables /
Circuler en groupe / Changer de direction /
L'équipement du cyclomotoriste / Le passager /
L'entretien du cyclomoteur / Les transformation du cyclomoteur

4 / La voiture ____ **33**

Le conducteur / Les passagers /
Les systèmes de retenue pour enfants / La ceinture de sécurité /
La descente du véhicule / Le véhicule

5 / La signalisation ____ **41**

Les formes et les couleurs des panneaux
Le code de la rue / Les panneaux qui concernent les piétons
Les panneaux qui concernent les cyclistes /
Les panneaux qui concernent les cyclomoteurs /
La signalisation horizontale / La signalisation verticale

6 / La conduite ____ **63**

Les règles de priorité / Les règles de dépassement /
Les vitesses / L'adhérence du cyclo / Les distances /
Vigilance et conduite / La fatigue / Les médicaments /
Les drogues / L'alcool / Les statistiques / L'assurance /
Comportement en cas d'accidents / Passer son attestation

Tests ____ **85**

1 Les piétons

? Le pourquoi de la règle

Qu'elle s'effectue en ville ou en rase campagne, la circulation des piétons, comme celle des autres usagers, obéit au Code de la route mais fait également appel à un certain nombre de règles de prudence.

Les différents usagers des trottoirs

- Les adultes, les personnes âgées, les enfants,
- les animaux,
- les utilisateurs de rollers, de patins à roulettes, de planches à roulettes,
- les personnes handicapées en fauteuil roulant,
- les parents avec une poussette.

■ À pied

Dans la mesure du possible, tous les déplacements d'un piéton doivent se faire sur des espaces aménagés : trottoirs, passages piétons, souterrains…

Il ne faut pas traverser une route en passant entre des voitures en stationnement.

Pour être bien vu des conducteurs, il faut s'habiller avec des vêtements clairs complétés par des dispositifs rétro réfléchissants la nuit. Il est d'ailleurs recommandé d'en coller aussi sur son cartable.

L'utilisation d'un baladeur est un handicap car il vous isole des informations sonores provenant de l'extérieur. Il perturbe les capacités d'analyse et de concentration nécessaires pour circuler sur la route.

Le téléphone portable peut également être dangereux. Absorbé par sa conversation, le piéton ne pense plus à son environnement et ne respecte pas forcément les règles de sécurité.

Certaines villes disposent de zones piétonnes.

Ces zones permettent de se déplacer à l'écart des autres usagers mais certains véhicules peuvent être autorisés à y circuler comme un camion de livraison ou des cyclistes par exemple.

■ En roller ou en skate board

En l'absence d'une réglementation spécifique, les pratiquants de roller ou skate board sont assimilés à des piétons.

À ce titre, ils ont l'obligation de circuler sur les trottoirs, ainsi que celle de prendre toute précaution, notamment celle de respecter les signalisations tricolores lors de la traversée des chaussées qu'ils doivent effectuer sur les passages protégés.

Sur 10 accidents de roller ou skate board, 8 sont dus à une chute. L'équipement est donc indispensable.
Il se compose :
- des protège-poignets,
- des coudières,
- des genouillères
- et du casque.

1 / Les piétons

Vous ne devez pas considérer que la possibilité de vous déplacer plus vite, vous rend prioritaire mais vous devez anticiper en regardant loin devant et en repérant les obstacles fixes ou mobiles.

Sachant qu'une personne en roller se déplace à environ 15 km/h et un piéton à 5 km/h, les pratiquants de roller ou de skate board doivent se déplacer à allure lente lorsqu'ils circulent sur les trottoirs afin de ne pas occasionner de gêne aux piétons.

Utilisation **des trottoirs**

Les piétons doivent circuler sur les trottoirs, mais il faut éviter de marcher près de la bordure car en cas de chute ou de bousculade, vous risquez de vous retrouver sur la chaussée exposé aux automobiles.

Les passages **piétons**

Vous devez utiliser les passages pour piétons lorsqu'ils sont situés à moins de 50 mètres de l'endroit où vous vous trouvez.

Les passages pour piétons ne sont que des lieux aménagés pour traverser, mais ils ne garantissent pas une sécurité et une priorité absolues.
Il est important de regarder plusieurs fois à gauche et à droite avant de traverser une route, et de ne pas imiter les mauvais comportements éventuels des autres piétons.

Méthode pour traverser

1. S'arrêter à 50 cm du bord du trottoir pour observer la circulation,
2. Regarder en tournant bien la tête des deux côtés en cherchant à détecter tout type de véhicule car les 2 roues ne sont pas toujours facilement détectables vu leur faible gabarit.
3. Si un véhicule arrive et ralentit, ce n'est pas suffisant pour s'engager. Il faut attendre son arrêt total puis vérifier qu'il n'y a pas d'autres véhicules qui arrivent ou un 2 roues qui se faufile.
4. Lors de la traversée, il faut continuer à regarder à droite et à gauche pour contrôler que la route est toujours libre.
5. Même en groupe, vous devez regarder de vos propres yeux la circulation avant de traverser. Cela vous évitera de suivre un mauvais exemple, mais pourra aussi empêcher un camarade de prendre des risques inutiles.

Les feux de piétons

À une intersection réglementée par des feux, il ne suffit pas de s'engager lorsque le "bonhomme" est vert, mais il faut observer les véhicules, notamment ceux qui débouchent des rues transversales.

Si le feu de piétons est vert et qu'un véhicule arrive, il faut attendre l'arrêt complet de ce dernier avant de s'engager.

Le personnage est vert
Il signifie que les piétons sont autorisés à passer en s'assurant de l'absence de danger.

Le personnage passe du vert au rouge
Il signale aux piétons qu'ils peuvent finir de traverser, mais il est trop tard pour s'engager.

Le personnage est rouge
Il signifie que les piétons ne doivent pas traverser. Les feux des autres usagers sont déjà au vert ou vont bientôt l'être.

J'attends calmement sur le trottoir, sans chahuter.

Je passe après avoir bien vérifié que tous les véhicules s'arrêtent.

Circuler **hors agglomération**

Lorsque vous vous déplacez hors agglomération, vous devez circuler près du bord gauche de la chaussée dans le sens de votre marche afin de voir venir les véhicules qui circulent sur la chaussée.

Toutefois, les personnes à mobilité réduite se déplaçant dans une chaise roulante et les personnes poussant à la main un cycle, un cyclomoteur ou une motocyclette doivent circuler près du bord droit de la chaussée dans le sens de leur marche.

Traverser hors agglomération

Vous devez traverser la chaussée en tenant compte de la visibilité ainsi que de la distance et de la vitesse des véhicules.

Aux intersections à proximité desquelles n'existe pas de passage prévu à leur intention, les piétons doivent emprunter la partie de la chaussée en prolongement du trottoir.

Hors des intersections, les piétons sont tenus de traverser la chaussée perpendiculairement à son axe.

Les transports scolaires

C'est au point de montée et de descente des transports en commun que se produisent les accidents les plus graves.

Il ne faut pas se précipiter ou se bousculer à l'arrivée du véhicule, mais attendre en retrait de la chaussée son arrêt complet.

Dans cette situation, le conducteur du véhicule ne peut pas anticiper les réactions des personnes attendant le bus. Il y a un risque d'accident important.

Pour traverser la chaussée, même en présence d'un passage piétons, il ne faut pas traverser devant le bus ni derrière, mais il faut impérativement attendre que le car ou le bus se soit éloigné et que la visibilité soit dégagée.

C'est l'accident le plus fréquent. Le véhicule masque entièrement la visibilité pour le piéton et pour le conducteur du véhicule venant en sens inverse.

Le port de la ceinture de sécurité est obligatoire dans les cars qui en sont équipés. Dans tous les cas, il faut rester assis pendant tout le trajet et jusqu'à l'arrêt complet du car. Crier ou chahuter gêne et distrait le conducteur et peut être à l'origine d'un accident.

L'arrêt de bus, est matérialisé par un zig zag.

L'attente s'effectue généralement à un endroit signalé d'un panneau.

La montée et la descente des élèves doivent s'effectuer avec ordre. Vous devez attendre l'arrêt complet du véhicule et la descente des passagers avant de monter.

La descente des passagers doit se faire dans l'ordre, c'est à dire du premier rang au dernier rang.

2 Les cyclistes

2 / Les cyclistes

? Le pourquoi **de la règle**

Le Code de la route protège le cycliste qui est particulièrement vulnérable dans la circulation. Mais il fixe aussi les règles que ce dernier doit respecter vis à vis des autres usagers en général, et notamment de ceux qui peuvent être encore plus exposés, comme les piétons par exemple.

La circulation des cyclistes est interdite sur les trottoirs sauf pour les enfants de moins de 8 ans à condition de conserver l'allure du pas et de ne pas occasionner de gêne aux piétons.

L'utilisation d'un cycle exige de prendre des précautions. Vous devez porter des vêtements résistants et visibles permettant de vous protéger en cas de chute et d'être visible par les autres usagers.

Les voies de circulation spécifiques

■ Les bandes cyclables

La voie cyclable se trouve sur une partie d'une chaussée existante.

■ Les pistes cyclables

La piste cyclable est une voie séparée spécialement adaptée aux cycles.

Les pistes ou les bandes cyclables sont obligatoires pour les cycles sans side-car ni remorque, et sont interdites aux autres usagers.
Sauf indication complémentaire, les cyclomoteurs ne sont pas autorisés à emprunter ce genre de voies.

En l'absence de voies aménagées, les cyclistes doivent circuler sur la route et non sur les trottoirs.

La signalisation peut aussi interdire la circulation des cycles.

	Circulation interdite à tout véhicule dans les 2 sens.
	Accès interdit aux cycles.
	Sens interdit.

Les autoroutes et les routes à accès réglementé sont interdites aux cyclistes.

Circuler **en groupe**

Lorsqu'ils circulent en groupe, les cyclistes ne doivent pas rouler à plus de 2 de front. Ils doivent circuler en file simple dès la tombée du jour ou dès qu'un véhicule veut dépasser.

Les cycles équipés de side-car ou de remorque doivent toujours circuler en file simple.

Rouler à 2 ou 3 de front peut fortement gêner la circulation des autres usagers.

Les zones **piétonnes**

Dans les zones piétonnes, les conducteurs de cycles sont autorisés à circuler à allure lente et à condition de ne pas occasionner de gêne aux piétons.

Changer de **direction**

Pour tourner à droite

Il faut s'assurer que la manœuvre est autorisée. Ensuite, il faut rester à droite et indiquer le changement de direction en tendant le bras droit. Il est important d'adapter son allure à la difficulté de la trajectoire.

Certains feux sont équipés d'une signalisation permettant aux cyclistes de s'engager sous certaines conditions au feu rouge. Les cyclistes doivent alors céder le passage aux autres usagers normalement engagés dans l'intersection.

Pour tourner à gauche

La manœuvre est plus dangereuse car il faut couper la route.
Il faut d'abord contrôler l'absence de véhicule sur la gauche puis indiquer le changement de direction en tendant le bras gauche et se placer le long de l'axe médian de la route. Avant de tourner, il faut céder le passage aux véhicules qui arrivent en sens inverse.

1 Regarder, 2 indiquer, 3 se placer.

Vu le caractère dangereux de cette manœuvre, vous pouvez, hors agglomération, rester à droite avant de tourner.

Lorsque la circulation est très dense, il est plus sûr de s'arrêter et de traverser à pied.

L'équipement du cycle

■ Les équipements obligatoires

- Un dispositif réfléchissant rouge à l'arrière et blanc à l'avant.
- Des dispositifs réfléchissants latéraux et sur les pédales.
- Un avertisseur sonore, deux dispositifs de freinage sont aussi obligatoires.

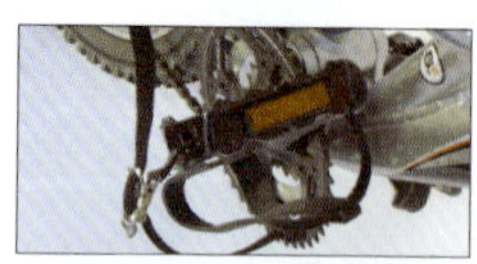

L'éclairage avant et le feu arrière sont obligatoires la nuit ou lorsque la lumière est insuffisante. De jour, un vélo est donc autorisé à circuler sans être équipé d'éclairage, mais il est toutefois vivement conseillé aux cyclistes d'en être équipé car les conditions de visibilité peuvent changer brusquement.

Les bicyclettes vendues doivent être munies de catadioptres et d'éclairage avant et arrière ainsi que d'un avertisseur sonore.

Vérifications
1. Faire régulièrement la pression des pneumatiques.
2. Serrer les bouchons de valve.
3. Régler la hauteur de la selle.
4. Vérifier la tension de la chaîne, son graissage ainsi que le fonctionnement du dérailleur.
5. Bien régler les freins.
6. Vérifier régulèrement les patins de freins.
7. Bien serrer les axes de roues.

■ Les équipements facultatifs

- Des dispositifs réfléchissants supplémentaires.
- Un écarteur de danger qui incitera les automobilistes à laisser plus d'espace quand ils dépassent.
- Vous pouvez également installer des rétroviseurs.

Être vu

Le principal problème rencontré par les cyclistes dans la circulation urbaine concerne leur manque de visibilité. En effet, en raison de son mince gabarit mais aussi de sa faible capacité à délivrer un éclairage suffisamment intense, le cycliste est quasiment invisible pour les autres usagers de la chaussée.
La propreté des dispositifs réfléchissants et la vérification du bon fonctionnement d'éclairage sont donc impératives.

Les cyclistes doivent tout mettre en œuvre pour être visibles car les automobilistes ont une mauvaise perception des cyclistes même en plein jour.
En vision périphérique, ils ne prêtent attention qu'à des masses équivalentes à celles de leur propre véhicule.

La remontée d'un sens interdit peut être autorisée si un panonceau le précise.

À l'aube ou au crépuscule, le cycliste est peu visible. Son faible gabarit, le déplacement sans bruit, et le contre-jour limitent sa perception auprès des autres usagers.

En plus de l'attention portée à leur propre conduite, les cyclistes doivent avoir aussi un œil sur les automobilistes afin d'anticiper leurs réactions.

Des vêtements clairs accompagnés d'un gilet rétroréfléchissant sont indispensables et il ne faut pas hésiter à utiliser des dispositifs d'éclairage.
Lorsque la visibilité est insuffisante, le port du gilet rétroréfléchissant est obligatoire hors agglomération.

En vélo, le port du casque est vivement conseillé car son utilisation permet de limiter les traumatismes lors d'un choc ou d'une chute.

Le transport **de passager**

Il est interdit à tous les deux roues (sauf side-car) de transporter plus d'un passager.

Siège, poignée et repose-pieds sont les éléments obligatoires pour transporter un passager. Pour les enfants de moins de 5 ans, il faut être équipé d'une corbeille ou de courroies d'attache.

3 Les cyclomotoristes

3 / Les cyclomotoristes

? Le pourquoi de la règle

Le cyclomoteur reste pour beaucoup d'adolescents, le premier engin vers la circulation motorisée et vers une réelle autonomie de déplacement.

Un cyclomoteur est un engin à 2 roues ou plus, équipé d'un moteur thermique dont la vitesse est limitée à 45 km/h par construction.

La position sur la chaussée

En marche normale, vous devez circuler à droite sans être trop près du trottoir ou de l'accotement. Sur les routes étroites, vous pouvez rouler au milieu de la voie.

Cette position oblige les voitures qui veulent dépasser à se déporter sur la file de gauche, ce qui évite de vous faire frôler dans ces situations.

Le long de véhicules en stationnement, vous devez laisser un intervalle latéral d'au moins un mètre. Cela permettra de vous protéger si un conducteur ouvre une portière sans tenir compte de votre présence.

Les pistes et bandes cyclables

En général, les cyclomotoristes ne sont pas autorisés à circuler sur les bandes et pistes cyclables.

Lorsqu'un panonceau rectangulaire à fond blanc contenant le symbole d'un cyclomoteur est placé sous le panneau de piste cyclable, les cyclomotoristes doivent emprunter cette voie et non la route.

Circuler en groupe

En cyclomoteur, il est interdit de rouler de front sur la chaussée.

Quel que soit le type de route, vous devez toujours circuler en file simple en respectant des intervalles de sécurité suffisants entre chaque véhicule afin d'éviter une collision en cas de freinage.

Changer de direction

■ Pour tourner à droite

Il faut s'assurer que la manœuvre est autorisée. Ensuite il faut rester à droite et indiquer le changement de direction en actionnant le clignotant ou en tendant le bras droit. Il est important d'adapter l'allure à la difficulté de la trajectoire.

■ Pour tourner à gauche

La manœuvre est plus dangereuse car il faut couper la route.
Il faut d'abord contrôler l'absence de véhicule sur la gauche, puis indiquer le changement de direction à l'aide du clignotant ou en tendant le bras gauche, et se placer le long de l'axe médian de la route. Avant de tourner, il faut céder le passage aux véhicules qui arrivent en sens inverse.

L'équipement du cyclomotoriste

Le conducteur d'un cyclo est très exposé. C'est pourquoi vous devez absolument vous protéger au moyen d'un équipement adéquat.

L'équipement doit :
- vous protéger des intempéries,
- vous rendre bien visible de jour et de nuit,
- vous protéger en cas de chute.

Le casque

Il est l'élément primordial pour votre sécurité. Il est obligatoire pour le conducteur et le passager.

Il limite les conséquences d'une chute, c'est pourquoi vous devez le porter dans tous les cas car un accident est imprévisible.

Les différents types de casques

Le casque intégral protège complètement le visage et est très efficace en cas d'intempéries. Par contre, il est lourd, réduit la visibilité et favorise la présence de buée.

Le casque enveloppant ou "jet" est léger et aéré mais ne protège pas complètement le visage.

Le non port du casque est puni d'une amende de 135€.

Les éléments du casque

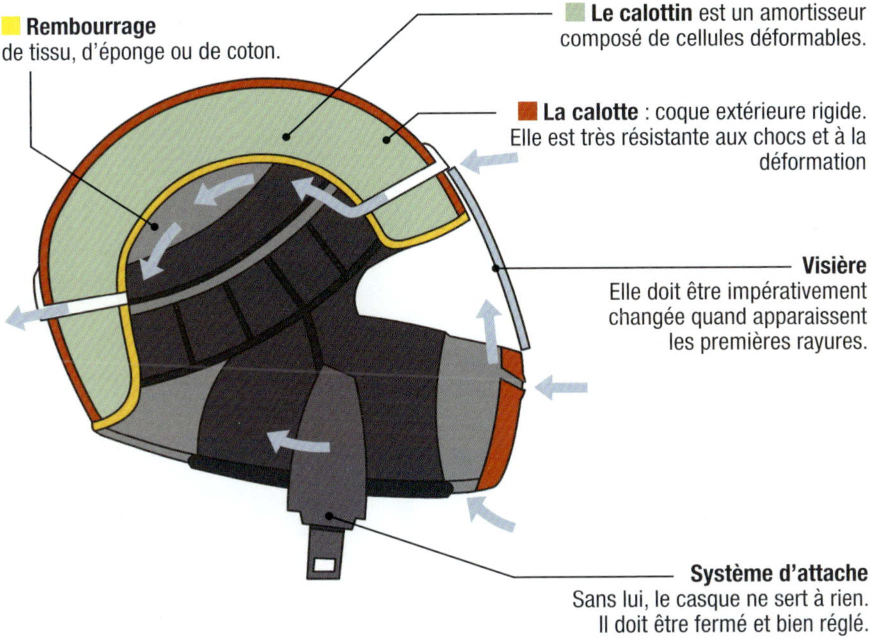

Le choix du casque

Il doit être homologué et comporter une étiquette NF (norme française) ou E (norme européenne). Il doit avoir des dispositifs rétroréfléchissants qu'il ne faut pas décoller car la nuit, ils permettent de vous rendre plus visible par les autres conducteurs.

Norme européenne

Il ne faut JAMAIS acheter un casque d'occasion, car il peut avoir subi des chocs ou comporter des fêlures non visibles, ce qui le rendrait inefficace lors d'une chute.

L'essai du casque

Le casque doit être adapté à votre tête. Pour le savoir, il faut obligatoirement l'essayer.

Un casque qui vous convient doit légèrement vous serrer la tête, car la mousse intérieure va se tasser et il doit permettre le port de lunettes.

L'utilisation du casque
Vous devez attacher et serrer suffisamment la sangle de fixation ou jugulaire. Un casque qui n'est pas attaché ne sert à rien.
La pratique du casque attaché au coude est très dangereuse, car en cas de chute, vous aurez une fracture très grave du bras et votre tête ne sera pas protégée.

L'entretien du casque
Vous pouvez laver votre casque avec de l'eau et du savon. Mais, vous ne devez jamais le peindre ou le laver avec de l'essence ou un solvant car ces produits fragilisent l'enveloppe du casque.

■ Les vêtements

La peau n'aime pas les frottements sur le goudron, c'est pourquoi vous devez vous protéger même lorsqu'il fait chaud.
Le short, la mini-jupe, le tee-shirt sont à proscrire sur un cyclomoteur. L'idéal est le cuir mais un pantalon et une veste en jean protègent déjà convenablement.

LE TOP !
Combinaison ou blouson en cuir avec pantalon épais + bottes + gants renforcés

LE MINI !
Veste épaisse + jeans + chaussures fermées et hautes + gants

Pour circuler de nuit, il faut porter des vêtements clairs ou munis de dispositifs réfléchissants.
Les vêtements de pluie en PVC ne doivent jamais être portés à même la peau, car ils fondraient et resteraient collés sur votre corps en cas de chute.

Les chaussures

Elles doivent maintenir les pieds. Vous devez choisir en priorité des chaussures montantes, en cuir plutôt qu'en tissu.
Les tongs, les espadrilles, les hauts talons sont à proscrire. Les lacets doivent être attachés pour éviter de s'enrouler autour des organes en mouvement du cyclo.

Les gants

Les mains sont très vulnérables en cas de chute, vous devez les protéger. Vous devez choisir des gants en cuir qui éviteront les plaies et les brûlures. Vos doigts doivent être bien à l'aise pour éviter d'avoir froid en hiver.

Le passager

Le transport d'un passager n'est autorisé que sur un siège fixé au véhicule, différent de celui du conducteur. La selle double ou la banquette est assimilée à deux sièges.

Comme pour le conducteur, le passager doit être équipé correctement et doit porter un casque adapté à sa taille.

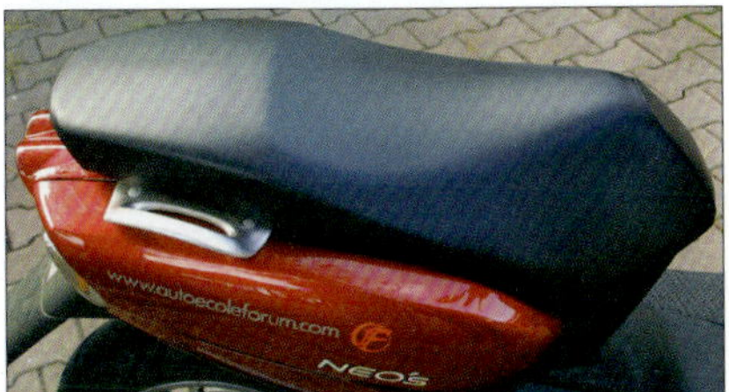

Quelles que soient la température extérieure et la distance du trajet à effectuer, il est impératif de porter un casque attaché et des vêtements résistants protecteurs en cas de chute.
Ces deux personnes sont dans une tenue inappropriée pour prendre la route.

L'entretien du cyclomoteur

Un bon entretien du cyclomoteur permet d'éviter les pannes, d'améliorer sa longévité et de garantir votre sécurité.
Vous trouverez ci-dessous les différents contrôles à effectuer régulièrement.

L'huile moteur

Elle permet la lubrification du moteur et par conséquent la pérennité des pièces mécaniques. Vous devez vérifier régulièrement le niveau et en ajouter si nécessaire.

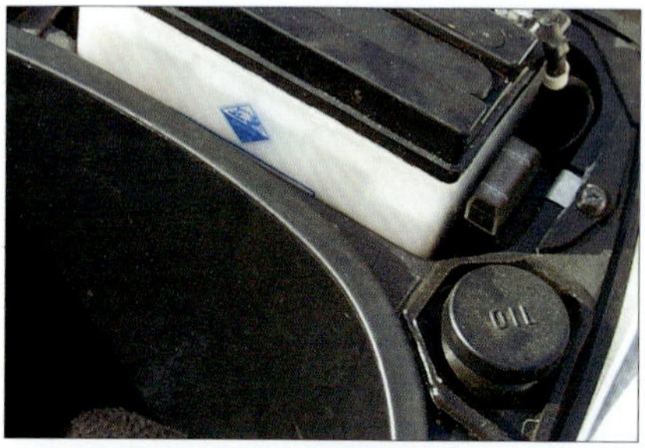

Le carburant

Vous devez vérifier qu'il reste assez de carburant pour effectuer votre trajet. Cela vous évitera de tomber en panne dans des situations délicates, par exemple la nuit en pleine campagne.

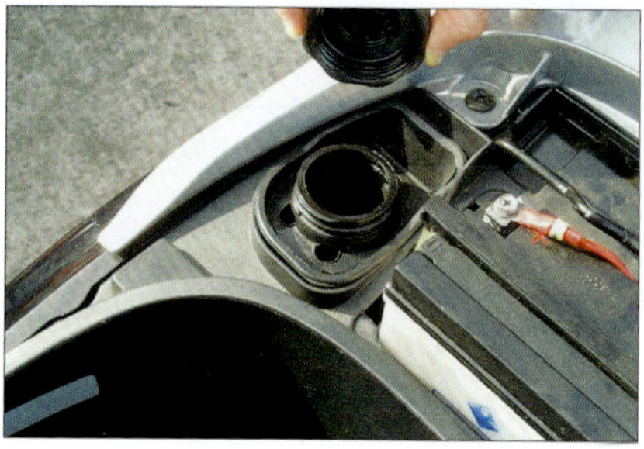

Les freins

Ils permettent de ralentir et d'arrêter le cyclo avec précision. Avant de partir, vous devez faire un essai à faible allure du bon fonctionnement des freins.

Sur les freins à tambour, il faut vérifier l'usure des mâchoires et le réglage du câble.

Sur les freins à disque, vous devez contrôler l'usure des plaquettes et le niveau de liquide de freins.

■ La chaîne

Elle permet d'entraîner la roue arrière sur certains cyclos. Elle doit être correctement tendue, graissée et vous devez la nettoyer régulièrement.

■ La suspension

Elle permet d'assurer la tenue de route du cyclo et le confort du conducteur. Elle maintient les roues en contact avec la route même lorsqu'elle comporte des bosses. Vous devez changer les suspensions quand le cyclo continue à rebondir après le passage sur une bosse.

Suspension avant

Suspension arrière

■ L'éclairage

Il sert à voir et à être vu le jour, la nuit et lorsque la visibilité est réduite (ex : pluie). Vous devez vérifier le fonctionnement et la propreté des feux avant chaque départ, sans oublier de régler la hauteur du projecteur.

L'allumage des feux est obligatoire de jour comme de nuit.

Le tableau de bord

Il donne des indications sur la vitesse, le kilométrage, le fonctionnement du cyclo et des informations essentielles pour la sécurité : clignotants, batterie, huile…
Vous devez vérifier le fonctionnement des voyants avant de partir.

Si un voyant rouge s'allume, vous devez vous arrêter car vous risquez l'accident et la détérioration de façon irréversible de votre moteur.

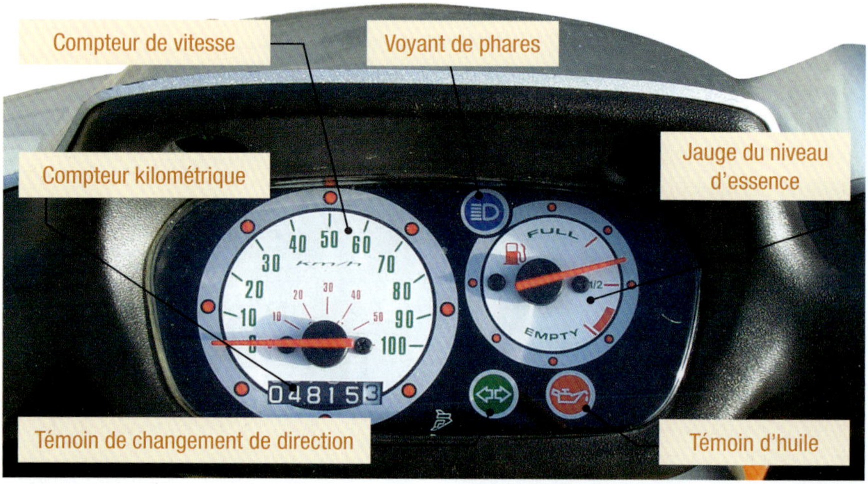

Les pneumatiques

La tenue de route du cyclomoteur dépend principalement de l'état des pneumatiques.
Ils doivent présenter des sculptures visibles.

Ils ne doivent pas comporter de déchirure sur les flancs et la toile ne doit pas être apparente. Un contrôle mensuel de la pression de gonflage réduit les risques de crevaison et de perte d'adhérence.

Les sculptures doivent être apparentes. La profondeur minimale à ne pas atteindre est indiquée par un témoin situé dans la sculpture du pneu.

Les petits plus :

Il peut être utile d'ajouter des accessoires :

- pour la sécurité : rétroviseur droit,
- pour l'agrément : top-case.

La charge maximale est indiquée sur le porte bagage du cyclo (généralement compris entre 3 et 5 kilos).

Les transformations du cyclomoteur

Le débridage

La modification des caractéristiques de cylindrée et de vitesse d'un cyclomoteur est interdite.

Les pièces estampillées "kit réservé à la compétition" ne peuvent être utilisées sur route.

Si vous décidez de les utiliser quand même, vous risquez :

- une non-couverture par l'assureur des dommages en cas d'accident,
- la confiscation de votre cyclomoteur,
- une amende,
- une obligation de contrôle technique.

Le pot d'échappement

Il est interdit de monter un pot d'échappement non homologué ou de vider de ses chicanes le pot d'origine.

Cette transformation n'augmente pas les performances de la machine mais développe un bruit excessif qui gêne tout le monde. De plus, vous risquez l'immobilisation de votre cyclo ainsi qu'une amende.

Les phares et les avertisseurs de changement de direction

Il est interdit de changer l'aspect des feux ou des indicateurs de changement de direction.

D'une couleur inhabituelle peut naître une confusion entraînant une situation d'accident.

Autres modifications déconseillées

Certaines modifications sont déconseillées, notamment celles concernant le guidon et la fourche de direction, car elles peuvent altérer la maniabilité de la machine, et par conséquent votre sécurité.

4 La voiture

? Le pourquoi de la règle

Le conducteur d'une voiture doit être âgé d'au moins 18 ans et être en possession du permis de conduire de la catégorie B.

Le conducteur

Entre 16 et 18 ans, vous pouvez être autorisé à conduire dans le cadre de la conduite accompagnée.

Vous pouvez vous déplacer au volant d'une voiture uniquement avec un accompagnateur désigné auprès de l'assurance et après autorisation de l'auto école.

Les passagers

En circulation, le conducteur d'un véhicule doit s'assurer que les passagers qu'il transporte sont maintenus soit par un système homologué de retenue pour les enfants, soit par la ceinture de sécurité.

Le transport d'enfant de moins de 10 ans doit s'effectuer sur les places arrière du véhicule sauf :

- lorsque l'enfant est transporté dos à la route dans un système de retenue spécialement conçu à cet effet, à condition que l'air-bag passager du véhicule soit déconnecté,
- lorsque le véhicule ne comporte pas de siège arrière,
- lorsque les sièges arrière sont déjà occupés par des enfants de moins de 10 ans.

Les systèmes de retenue pour enfants

Les enfants de moins de dix ans doivent être installés à l'arrière dans un dispositif adapté à leur âge et de leur poids.
La norme européenne distingue 5 groupes correspondant au poids de l'enfant : 0, 0+, 1, 2 et 3.

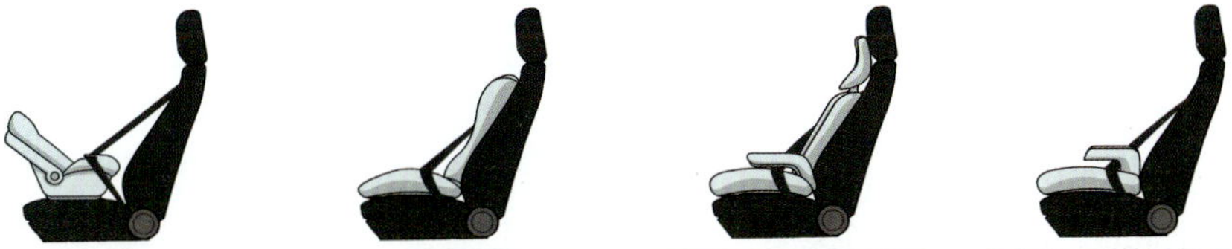

Groupe 0/0+ | Groupe 1 | Groupe 2 | Groupe 3

Groupe 0 : de la naissance à 10 kg
Groupe 0+ : de la naissance à 13 kg
Lit avec filet ou bandeau de maintien ou porte bébé dos vers l'avant du véhicule

Groupe 1 : de 9 à 18 kg
Siège auto homologué doté d'un harnais (siège baquet) ou dans un siège avec tablette de protection (siège à réceptacle).

Groupe 2 : de 15 à 25 kg
Groupe 3 : de 22 à 36 kg
Siège ou coussin rehausseur à l'arrière avec harnais ou ceinture.

La ceinture de sécurité

La réglementation

Le port de la ceinture de sécurité est obligatoire pour le conducteur et les passagers.

Les sanctions

Le non-respect du port de la ceinture entraîne une amende de 135 € et une réduction de 3 points sur le permis de conduire.

L'éjection du véhicule

C'est l'événement à plus haut risque lors d'un accident.
La ceinture de sécurité supprime ce risque et diminue considérablement la mortalité accidentelle.

La gêne de la ceinture

Sa fabrication tient compte des données anatomiques et des gestes nécessaires à la conduite. De plus, des perfectionnements facilitent son utilisation
(ex : réglage en hauteur).
Quel que soit l'âge ou le moyen de retenue du passager, la ceinture doit passer sur la clavicule (pas sur le bras ou le cou) et sur les deux os du bassin (pas sur le ventre).

Le siège avant est interdit aux enfants de moins 10 ans.
Sans rehausseur, il y a un risque de sous marinage (sous l'effet du choc l'enfant glisse sous la ceinture).
Sans dispositif de retenue, l'enfant est éjecté du véhicule par le pare-brise ou s'écrase violemment sur le tableau de bord.

Les risques de la ceinture

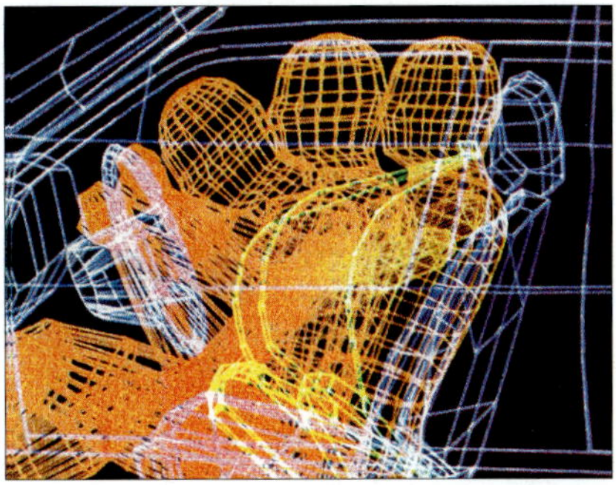

La ceinture peut provoquer des blessures sur le thorax et le sternum lors d'un choc important. Mais ces blessures sont minimes comparées à celles pouvant être provoquées par l'habitacle en cas de non-port de la ceinture. Ces risques surviennent notamment dans les cas où la ceinture est mal réglée ou vrillée.

Le rôle de la ceinture

En cas de freinage violent ou de choc contre un obstacle, les occupants du véhicule seront projetés contre le volant, le pare-brise ou la carrosserie.
La ceinture de sécurité est le seul moyen de se protéger efficacement.
Elle évite surtout l'éjection, qui est presque toujours mortelle.
Il faut savoir qu'à partir de 15 km/h, il n'est plus possible, sans ceinture, d'éviter d'être projeté vers l'avant.

Avec ceinture

Sans ceinture

Son efficacité

Les statistiques prouvent que le risque de blessures graves ou mortelles est nettement plus élevé pour l'automobiliste non ceinturé que pour celui qui reste attaché dans sa voiture.
En cas de non-port de la ceinture de sécurité, des blessures sévères ou mortelles sont possibles à partir de 30 km/h. En effet, le conducteur attaché a plus de probabilités de demeurer conscient malgré le choc. Il lui sera donc plus facile de se dégager de son véhicule en cas d'urgence (incendie, chute dans l'eau...).

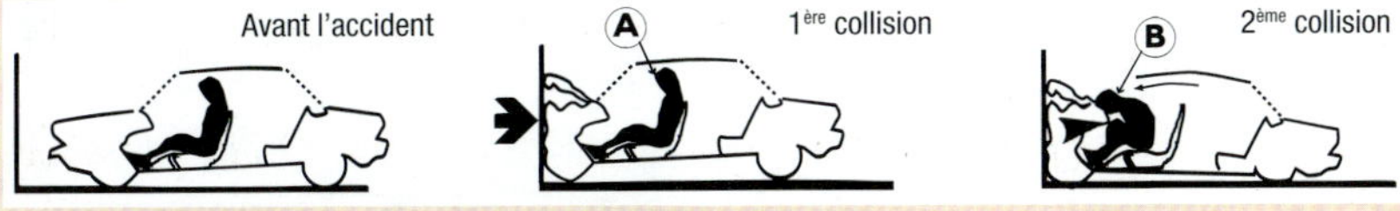

A : Première collision entre le cerveau et la boîte crânienne.
B : Deuxième collision, le corps entre en contact avec le véhicule.

Son utilisation

Tirez la ceinture par-dessus votre torse. Veillez à ce qu'elle ne s'entortille pas. Introduisez la fermeture métallique dans la fente.
Vous devez entendre nettement le "clic" de fermeture. Assurez-vous que la ceinture est parfaitement fixée.
Pour détacher votre ceinture, appuyez sur le bouton rouge.
Veillez à ce que la ceinture de chaque passager soit correctement attachée, et à la fermeture correcte de toutes les portes.

En cas de collision

Lors d'un choc, afin que toute l'énergie du choc ne soit pas transmise aux occupants, les véhicules sont constitués d'une structure avant absorbante et d'un habitacle rigide. Plus le véhicule est résistant, plus le choc sera ressenti par les occupants. S'il l'est insuffisamment, la pénétration des organes du véhicule dans l'habitacle blessera les passagers.

Temps 1

Temps 2

Temps 3

La ceinture complétée par des coussins gonflables permet une meilleure absorption du choc.

Porter sa ceinture, c'est se protéger mais aussi protéger les autres occupants car en cas de choc non ceinturé, vous serez projeté sur les autres passagers.

La descente du véhicule

Les enfants doivent monter et descendre de la voiture du côté du trottoir, pour être protégés des véhicules qui circulent sur la chaussée.

Dans tous les cas, l'ouverture de la portière doit s'effectuer après avoir contrôlé l'absence de danger.

Du côté gauche, il faut vérifier l'absence de voitures mais aussi de deux roues. Du côté droit, il faut vérifier l'absence de piétons ou de cyclistes se faufilant entre la voiture et la bordure de trottoir.

Le véhicule

■ Le contrôle technique

Les voitures doivent passer une visite technique 4 ans après leur première mise en circulation. Cette visite est ensuite renouvelée tous les 2 ans.

■ L'entretien de base

Les véhicules sont livrés avec une notice constructeur qui apporte les informations nécessaires pour connaître et entretenir votre automobile. Elle explique notamment la façon de changer une roue et une ampoule, l'emplacement des fusibles, la périodicité des vidanges, et le type de carburant à utiliser.

■ Le contrôle des niveaux

Sur votre véhicule, vous devez effectuer régulièrement le contrôle des différents niveaux : liquide de refroidissement, liquide lave-glace, batterie, huile moteur, liquide de frein.

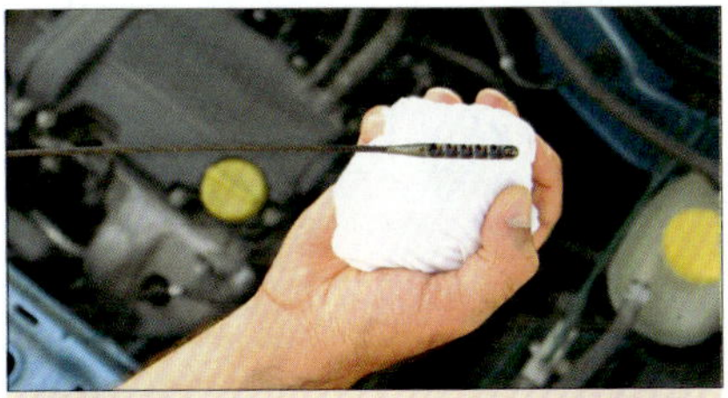
huile moteur

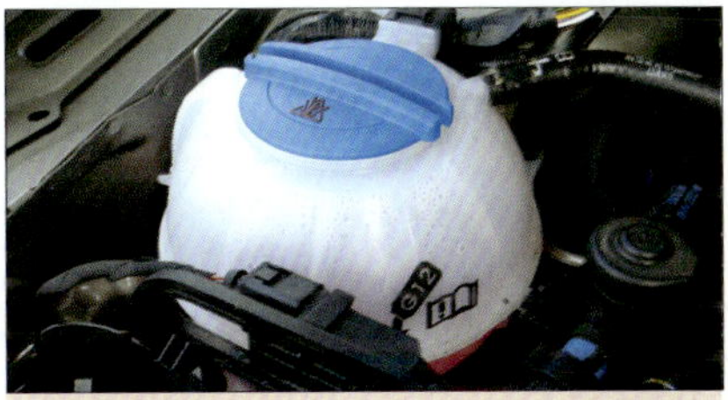
liquide de refroidissement

liquide de frein

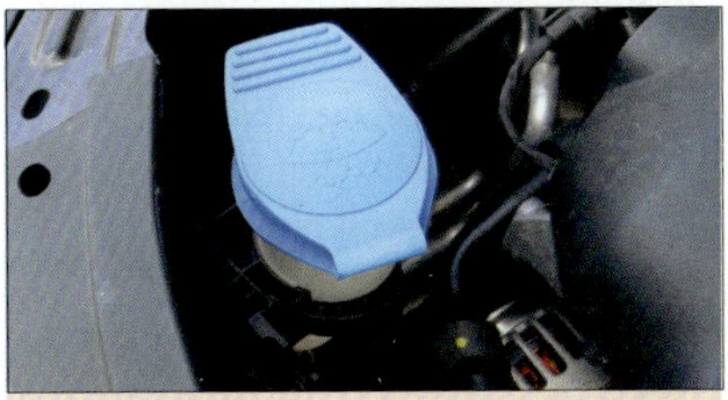
lave-glaces

Les véhicules sont équipés de voyants qui vous indiqueront un problème mécanique.

Frein à main

Niveau de liquide de frein

Charge de la batterie

Pression d'huile

Alerte de température

Signal de détresse

Les pneumatiques

Ils jouent un rôle essentiel dans la sécurité car ils sont le seul point de contact entre la route et le véhicule.

Les sculptures de pneumatiques
Les sculptures des pneus (dessins moulés dans la bande de roulement) permettent d'évacuer l'eau sur les routes mouillées. C'est pourquoi leur profondeur ne doit pas être inférieure à 1,6 mm car il y aurait une dégradation importante de la tenue de route.

Des bosses de caoutchouc sont disposées dans les rainures du pneu et constituent des témoins d'usure. Quand l'usure atteint ces bosses, il reste 1,6 mm.

Les témoins d'usure sont repérables grâce à différents sigles sur le flanc du pneumatique.

ou

- TWI -

ou

L'état des pneumatiques
Les pneus doivent être en bon état, sans hernie, sans flanc déchiré... L'usure des pneus d'un même essieu ne doit pas avoir une différence de plus de 5 mm.

Le gonflage des pneumatiques
Les pressions de gonflage sont données par les fabricants suivant les véhicules.
Il faut vérifier la pression à froid (pas ou peu de kilomètres parcourus).
La pression doit être augmentée de 200 à 300 grammes avant un long trajet à vitesse soutenue (ex : sur autoroute) et si le véhicule est très chargé.

5 La signalisation

Le pourquoi **de la règle**

Les panneaux possèdent trois caractéristiques qui leur donnent une signification : Forme, Couleur, Symbole. Pour adapter sa conduite aux informations données par un panneau, il faut être capable de comprendre très vite le sens de son message.

Les formes et les couleurs des panneaux

LES FORMES	LES COULEURS			
DANGER	permanent	temporaire		
ORDRE	interdiction	fin d'interdiction	obligation	fin d'obligation
INDICATION	de conduite	de service		
DIRECTION	cas général	autoroute	route	temporaire

Le code de la rue

Le principe de prudence à l'égard de l'usager vulnérable a entrainé une redéfinition réglementaire de l'aire piétonne et de la zone 30 ainsi que la création du concept de zone de rencontre.

■ L'aire piétonne

L'aire piétonne est une zone dédiée aux piétons : ils y sont prioritaires sur tous les véhicules sauf les tramways.

Les véhicules autorisés, vélo compris, roulent à l'allure du pas. Une telle zone vise à faciliter avant tout les déplacements à pied, puis l'usage du vélo à faible vitesse.

La présence des véhicules motorisés devant rester exceptionnelle et sur autorisation.

Les entrées et sorties de cette zone sont annoncées par une signalisation.

Entrée

Sortie

Bien évidemment toute la réglementation s'applique, que ce soit par exemple la législation pour les personnes à mobilité réduite, la signalisation...
Le stationnement des véhicules est interdit par contre l'arrêt reste possible.

■ La zone 30

En zone 30, la vitesse des véhicules motorisés est limitée à 30 km/h. La nouvelle réglementation impose un aménagement spécifique et cohérent avec la limitation de vitesse et la généralisation du double sens cyclable (sauf cas particulier).

Entrée

Sortie

Ces aménagements favorisent une circulation apaisée. L'espace est sécurisant pour les cyclistes et les piétons. Ces derniers peuvent traverser où ils le souhaitent tout en restant vigilants.

■ La zone de rencontre

La zone de rencontre est ouverte à tous les modes de transport. Toutefois, les piétons bénéficient de la priorité sur tous à l'exception des tramways. Ils peuvent se déplacer sur toute la largeur de la voirie mais ils ne doivent pas pour autant en profiter pour gêner délibérément la circulation des autres véhicules.

Les entrées et sorties de cette zone sont annoncées par une signalisation et l'ensemble de la zone est aménagé de façon cohérente avec la limitation de vitesse applicable.

Entrée

Sortie

Sauf disposition contraire, les chaussées à sens unique sont à double sens pour les cyclistes afin d'améliorer le développement de l'usage des vélos. Même si une voie est réservée au cycliste, le piéton y reste prioritaire.

Les panneaux qui concernent en particulier **les piétons**

Panonceaux

Piétons.

Installations aménagées pour handicapés physiques.

Chemin obligatoire pour piétons et réservé aux piétons.

Fin de chemin obligatoire pour piétons.

Accès interdit aux piétons.

Accès interdit aux voitures à bras.

Station de taxis.

Arrêt d'autobus.

Entrée d'aire piétonne.

Sortie d'aire piétonne.

Endroit fréquenté par les enfants.

Passage pour piétons.

Traversée de voies de tramways.

Passage pour piétons.

Installations accessibles aux personnes handicapées à mobilité réduite.

Issue de secours vers la droite.

Issue de secours vers la gauche.

Les panneaux qui concernent en particulier **les cyclistes**

Panonceau

Cycles.

Piste ou bande cyclable conseillée et réservée aux cycles à deux ou trois roues.

Fin d'une piste ou d'une bande cyclable conseillée et réservée aux cycles à deux ou trois roues.

Piste ou bande obligatoire pour les cycles sans side-car ou remorque et réservée aux cycles à deux ou trois roues.

Fin de piste ou bande obligatoire pour cycle.

Accès interdit

Début d'une section d'autoroute.

Route à accès réglementé.

Conditions particulières de circulation sur la route ou la voie embranchée.

Circulation interdite à tout véhicule dans les deux sens.

Accès interdit aux cycles.

Débouché de cyclistes venant de droite ou de gauche.

Direction interdite aux cyclistes.

Direction conseillée aux cyclistes.

Les panneaux qui concernent en particulier **les cyclomoteurs**

Panonceau

Cyclomoteurs.

Circulation interdite à tout véhicule dans les deux sens.

Accès interdit aux cyclomoteurs.

Accès interdit à tous les véhicules à moteur.

Accès interdit

Début d'une section d'autoroute.

Route à accès réglementé.

Les dangers ci-dessous peuvent occasionner une chute. Vous devez être vigilant et adapter votre allure.

Virage à droite.

Virage à gauche.

Chaussée particulièrement glissante.

Chaussée glissante.

Vent latéral. Vous risquez de faire des écarts et de perdre le contrôle de votre cyclo.

RAINURAGE

Le rainurage entraîne des vibrations dans le guidon et des difficultés pour garder la bonne trajectoire.

La signalisation **horizontale**

La ligne continue

Vous ne devez jamais franchir ni chevaucher une ligne continue.

■ Les lignes de rive

Sur route, ces lignes délimitent la chaussée de chaque côté. Elles sont discontinues et comportent des traits pleins et des vides de longueur comparable (3 m et 3,50 m).

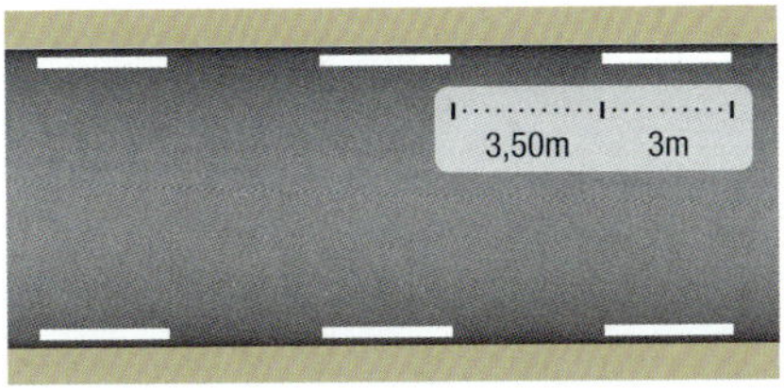

■ Les lignes discontinues

Ligne de délimitation des voies

Cette ligne comporte des traits de 3 m et des intervalles de 10 m.

Vous devez circuler sur la voie de droite. Vous avez le droit de franchir la ligne discontinue uniquement pour dépasser un autre usager, ou pour traverser la chaussée.

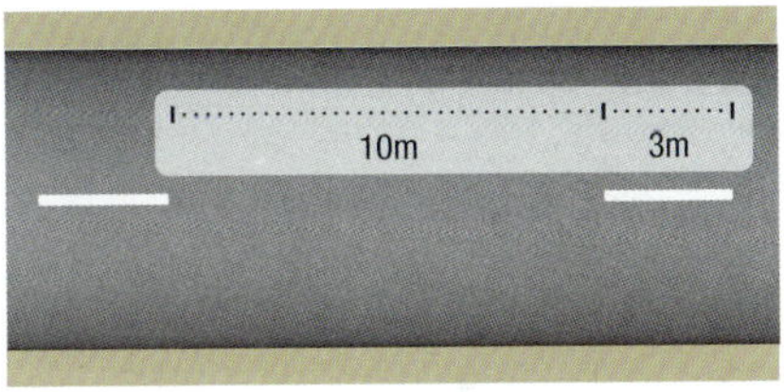

Ligne de dissuasion

Certaines routes étroites et sinueuses comportent parfois une ligne discontinue avec des intervalles très réduits (1,33 m).

Bien qu'on puisse la franchir pour dépasser un véhicule lent, elle a un rôle dissuasif, le dépassement est déconseillé du fait de la visibilité réduite.

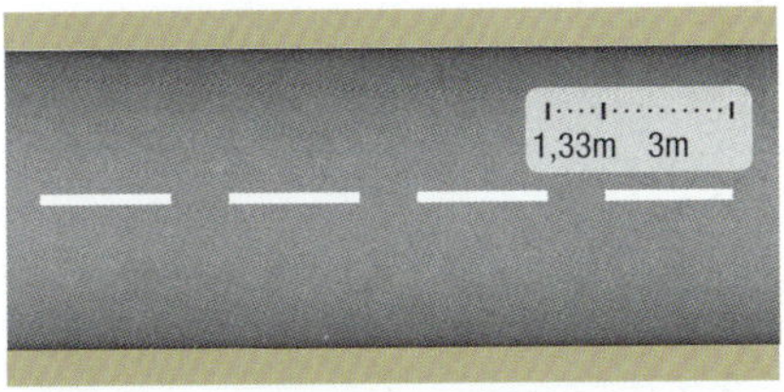

La ligne d'avertissement

Elle annonce une ligne continue. Les traits pleins sont de 3 m, les intervalles de 1,33 m. Vous ne pouvez dépasser que si vous êtes sûr d'avoir le temps de vous rabattre avant la ligne continue.

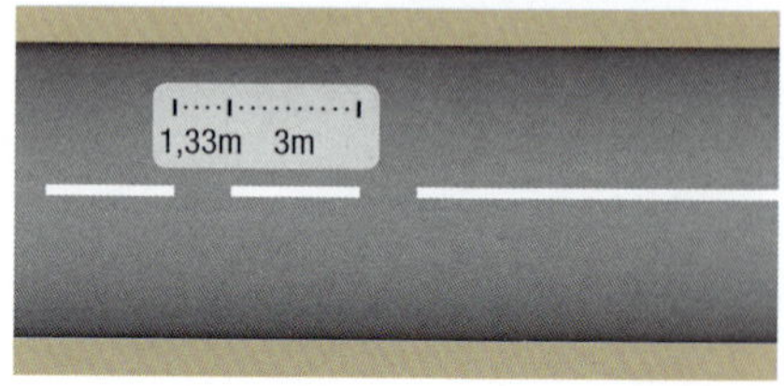

Les lignes mixtes

Elles sont constituées d'une ligne continue doublée d'une ligne discontinue.

Si vous roulez du côté de la ligne continue, vous n'avez pas le droit de la franchir.
Si vous roulez du côté de la ligne discontinue, vous pouvez franchir la ligne mixte pour traverser la chaussée ou pour dépasser. Dans ce cas, vous devez être sûr d'avoir achevé votre dépassement avant la fin de la ligne discontinue.

Les flèches de rabattement

Les lignes d'avertissement sont souvent complétées par des flèches de rabattement, intercalées entre les tirets. Elles sont généralement au nombre de trois.
Ces flèches signifient la fin prochaine de cette ligne discontinue, remplacée par une ligne continue infranchissable.

Sur les chaussées comportant plus de deux voies, elles sont peintes sur la voie qui va disparaître. Lorsque vous les rencontrez, vous devez vous rabattre sur la droite le plus tôt possible.

Les panonceaux

Ils donnent des précisions complémentaires sur le panneau sous lequel ils sont placés. Ils sont de la même couleur que le panneau.

Panonceaux de catégorie

Indique que le panneau qu'il complète s'applique à la seule catégorie d'usager qu'il désigne par une silhouette, un symbole ou une inscription.

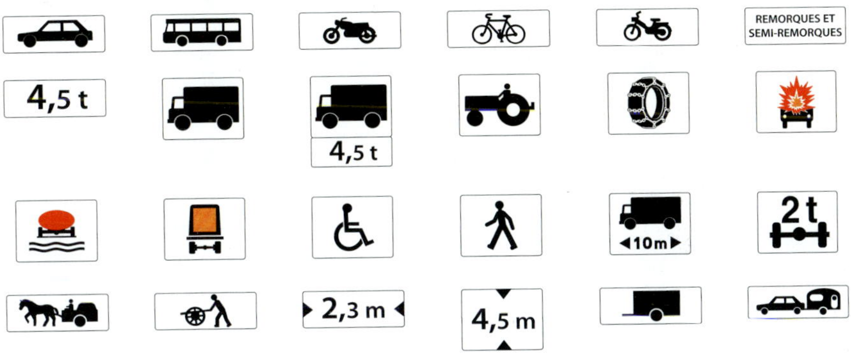

Panonceaux d'indications diverses

Donne des indications complémentaires ou modificatrices à celles données par le panneau qu'il complète.

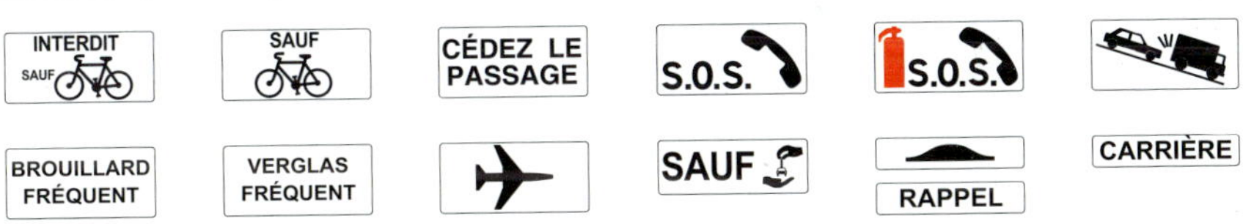

Panonceaux de distance

Indique la distance à laquelle s'étend la prescription donnée par le panneau.

Panonceaux d'étendue

Indique la distance sur laquelle s'étend la prescription donnée par le panneau.

Panonceaux directionnels

Indique la position ou la direction de la voie concernée par le panneau qu'il complète.

■ Signalisation de danger

Ils signalent une zone dangereuse où vous devez ralentir :

- **en agglomération** ils sont placés à environ 50 mètres du danger annoncé,
- **hors agglomération** ils sont placés à environ 150 mètres du danger annoncé.

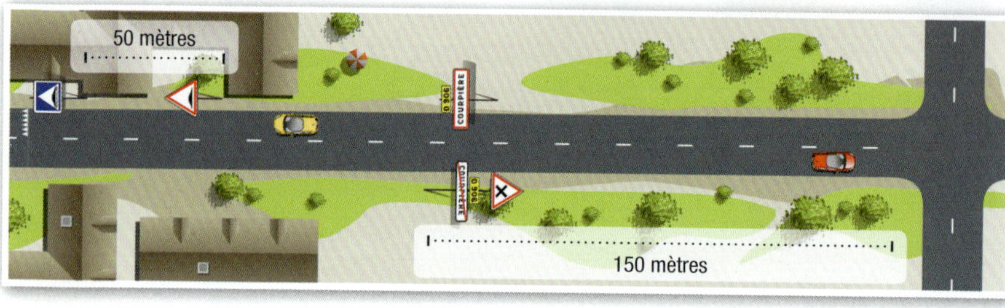

Les exceptions

Ce panneau de danger est implanté à l'endroit où la circulation se fait à double sens. C'est donc un signal de position contrairement aux autres panneaux de sa famille.

Lorsqu'un panonceau de distance se situe sous le panneau, le danger se trouve à la distance mentionnée et non plus à 50 mètres en agglomération ou 150 mètres hors agglomération.

Virage à droite.

Virage à gauche.

Succession de virages dont le premier est à droite.

Succession de virages dont le premier est à gauche.

Cassis ou dos-d'âne.

Ralentisseur de type dos-d'âne.

Chaussée rétrécie.

Chaussée rétrécie par la droite.

Chaussée rétrécie par la gauche.

Chaussée particulièrement glissante.

Pont mobile.

Traversée de voies de tramways.

Endroit fréquenté par les enfants.

Passage pour piétons.

Autres dangers. La nature du danger pouvant ou non être précisée par un panonceau.

Passage d'animaux domestiques.

Passage d'animaux domestiques.

Passage d'animaux sauvages.

Passage de cavaliers.

Descente dangereuse.

Annonce de feux tricolores.

Circulation dans les deux sens.

Risque de chute de pierres ou de présence sur la route de pierres tombées.

Débouché sur un quai ou une berge.

Débouché de cyclistes venant de droite ou de gauche.

Traversée d'une aire de danger aérien.

Vent latéral.

■ Signalisation de passages à niveau

Les passages à niveau peuvent être sans barrière ou avec barrières à fonctionnement manuel ou automatique.

Si le passage à niveau comporte un feu rouge, vous devez vous arrêter lorsque ce dernier clignote, même si les barrières ne sont pas encore abaissées. Pour repartir, attendez que les barrières soient totalement levées.

Quel que soit le type de passage à niveau, vous devez vérifier l'absence de danger de chaque côté même après l'ouverture des barrières et l'extinction du feu rouge clignotant. Vous pouvez vous engager sur un passage à niveau uniquement avec la certitude absolue de pouvoir le franchir rapidement et en toute sécurité.

Signalisation avancée

Passage à niveau muni de barrières à fonctionnement manuel lors du passage des trains.

Passage à niveau muni de barrières à fonctionnement automatique lors du passage des trains.

Passage à niveau sans barrière ni demi-barrière.

Passage à niveau sans barrière ni demi-barrière muni d'une signalisation automatique sonore et lumineuse.

Balisage de présignalisation d'un passage à niveau.

Signalisation de position

Passage à niveau à voie unique.

Passage à niveau à plusieurs voies.

Passage à niveau à voie unique muni d'une signalisation automatique lumineuse.

Passage à niveau à plusieurs voies muni d'une signalisation automatique lumineuse.

Lorsqu'il existe plusieurs voies, soyez vigilant : un train peut en cacher un autre.

Particularités

Dans le cas où l'usager doit marquer un temps d'arrêt avant de franchir le passage à niveau, le panneau Stop est placé en-dessous de ces panneaux.

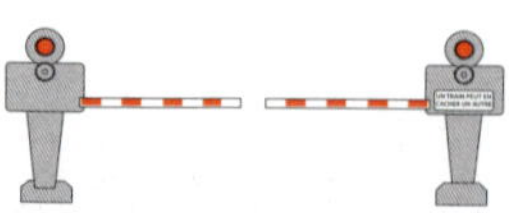

Passage à niveau muni d'une signalisation automatique avec demi-barrière automatique.

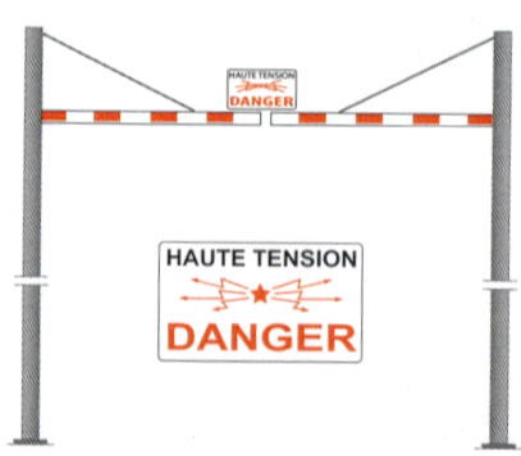

Portique. Signalisation des passages à niveau avec voies électrifiées lorsque la hauteur des fils de contact est inférieure à 6 mètres.

Passage à niveau avec voie ferrée électrifiée.

Les balises de signalisation avancée

Chaque trait oblique représente 50 mètres.

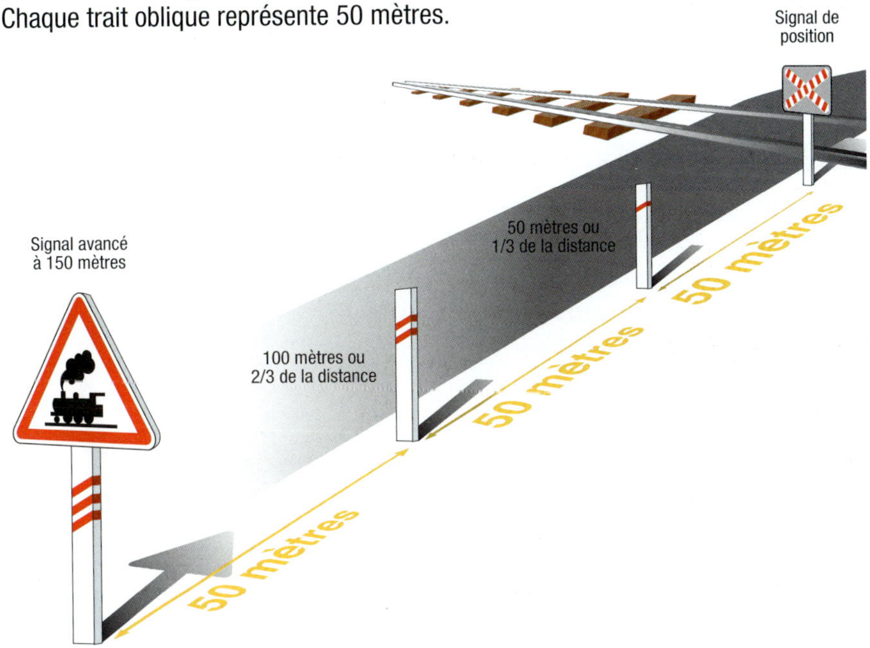

Signalisation de dangers temporaires

Cassis ou dos d'âne.

Chaussée rétrécie.

Chaussée glissante.

Travaux.

Danger dont la nature peut être précisée par un panonceau.

Annonce de feux tricolores réglant une circulation alternée.

Risque de projection de gravillons.

Annonce d'un bouchon.

Annonce d'un accident.

Annonce de nappes de brouillard ou de fumées épaissee.

Signalisation de position de travaux ou de tout autre obstacle de caractère temporaire.

Signalisation de position des limites d'obstacles temporaires ou de chantier.

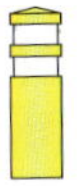
Balise de guidage.

Signal de position d'une déviation ou d'un rétrécissement temporaire de chaussée.

Signalisation d'interdiction

Ces panneaux sont placés à l'endroit où commence l'interdiction sauf si un panonceau de distance les complète. Cette interdiction s'étend jusqu'à la prochaine intersection ou si un panneau y met fin.

Circulation interdite à tout véhicule dans les deux sens.

Sens interdit à tout véhicule.

Interdiction de tourner à gauche à la prochaine intersection.

Interdiction de tourner à droite à la prochaine intersection.

Interdiction de faire demi-tour sur la route suivie jusqu'à la prochaine intersection.

Interdiction de dépasser tous les véhicules à moteur autres que ceux à deux roues sans side-car.

Interdiction de dépasser pour les véhicules de plus de 3,5 t affectés au transport de marchandises.

Arrêt au poste de douane.

Arrêt au poste de gendarmerie.

Arrêt au poste de police.

Arrêt au poste de péage.

Accès interdit aux véhicules à moteur à l'exception des cyclomoteurs.

Accès interdit à tous les véhicules à moteur.

Accès interdit aux véhicules affectés au transport de marchandises.

Accès interdit aux piétons.

Accès interdit aux cycles.

Accès interdit aux véhicules à traction animale.

Accès interdit aux véhicules agricoles à moteur.

Accès interdit aux voitures à bras.

Accès interdit aux véhicules de transport en commun de personnes.

Accès interdit aux cyclomoteurs.

Accès interdit aux motocyclettes et motocyclettes légères.

Accès interdit aux véhicules tractant une caravane ou une remorque de plus de 250 kg.

Accès interdit aux véhicules ou ensemble de véhicules dont la longueur est > au nombre indiqué.

Accès interdit aux véhicules dont la largeur, chargement compris, est > au nombre indiqué.

Accès interdit aux véhicules dont la hauteur, chargement compris, est > au nombre indiqué.

Accès interdit aux véhicules dont le PTAC ou le PTRA excède le nombre indiqué.

Accès interdit aux véhicules pesant sur un essieu plus que le nombre indiqué.

Limitation de vitesse.

Cédez le passage à la circulation venant en sens inverse.

Signaux sonores interdits.

Interdiction aux véhicules de circuler sans maintenir entre eux un intervalle ≤ au nombre indiqué.

Accès interdit aux véhicules transportant des marchandises explosives ou facilement inflammables.

Accès interdit aux véhicules transportant des marchandises susceptibles de polluer les eaux.

Accès interdit aux véhicules transportant des marchandises dangereuses.

Cas particuliers

Ce signal interdit à tout véhicule de s'engager dans une rue.

Les véhicules en sens inverse auront cette indication, leur signalant que la circulation se fait en sens unique.

Cette signalisation vous annonce un croisement difficile où vous devrez céder le passage aux véhicules arrivant en sens inverse.

Les usagers venant en face vont rencontrer ce panneau.

Cette signalisation annonce que l'interdiction s'applique à un ensemble de rues, c'est-à-dire à une zone.

Signalisation de fin d'interdiction

En général, ces panneaux mettent fin à l'interdiction ponctuelle énoncée précédemment par un panneau.

Fin de toutes les interdictions imposées aux véhicules en mouvement.

Fin de limitation de vitesse.

Fin d'interdiction de dépasser.

Fin d'interdiction de dépasser pour les véhicules de transport de marchandises de plus de 3,5 t.

Fin d'interdiction de l'usage de l'avertisseur sonore.

Fin d'interdiction dont la nature est indiquée sur le panneau.

Par exception, ce panneau met fin à toutes les interdictions précédemment signalées sauf celles concernant l'arrêt et le stationnement.

Signalisation de stationnement réglementé

Ils indiquent des rues ou des zones où l'arrêt et/ou le stationnement sont réglementés.

Stationnement interdit.

Stationnement interdit du 1er au 15 du mois.

Stationnement interdit du 16 à la fin du mois.

Arrêt et stationnement interdits.

Signalisation de prescription zonale

Entrée d'une zone à stationnement interdit.

Entrée d'une zone à stationnement unilatéral à alternance semi-mensuelle

Entrée d'une zone à stationnement de durée limitée, avec contrôle par disque.

Entrée d'une zone à stationnement payant.

Entrée d'une zone à stationnement unilatéral à alternance semi-mensuelle et à durée limitée, avec contrôle par disque.

Entrée d'une zone à vitesse limitée à 30 km/h.

Sortie d'une zone à stationnement interdit.

Sortie d'une zone à stationnement unilatéral à alternance semi-mensuelle

Sortie d'une zone à stationnement de durée limitée, avec contrôle par disque.

Sortie d'une zone à stationnement payant.

Sortie d'une zone à stationnement unilatéral à alternance semi-mensuelle et à durée limitée, avec contrôle par disque.

Sortie d'une zone à vitesse limitée à 30 km/h.

Entrée d'une zone de rencontre.

Sortie d'une zone de rencontre.

Entrée d'aire piétonne.

Sortie d'aire piétonne.

Signalisation d'intersection et de priorité

Ils signalent les règles de priorité à respecter dans les intersections.
Ils peuvent prendre différentes formes : triangle, losange, octogone.

Arrêt à l'intersection. Signal avancé.

Arrêt à l'intersection. Signal de position.

Cédez le passage à l'intersection. Signal avancé.

Cédez le passage à l'intersection. Signal de position.

Carrefour à sens giratoire.

Annonce de feux tricolores.

Intersection où le conducteur est tenu de céder le passage aux véhicules débouchant de la ou des routes situées à sa droite.

Intersection avec une route dont les usagers doivent céder le passage.

Indication du caractère prioritaire d'une route.

Fin du caractère prioritaire d'une route.

Signalisation d'obligation

Les panneaux d'obligation rendent obligatoires certaines directions.
Ils peuvent aussi imposer certaines règles à des usagers particuliers (ex : piétons, cycles, bus).

Obligation de tourner à droite avant le panneau.

Obligation de tourner à gauche avant le panneau.

Contournement obligatoire par la droite.

Contournement obligatoire par la gauche.

Direction obligatoire à la prochaine intersection : tout droit.

Direction obligatoire à la prochaine intersection : à droite.

Direction obligatoire à la prochaine intersection : à gauche.

Directions obligatoires à la prochaine intersection : tout droit ou à droite.

Directions obligatoires à la prochaine intersection : tout droit ou à gauche.

Direction obligatoire à la prochaine intersection : à droite ou àgauche.

Voie réservée aux tramways.

Autres obligations dont la nature est mentionnée par une inscription sur le panneau.

Piste ou bande obligatoire pour les cycles sans side-car ou remorque et réservée aux cycles à deux ou trois roues.

Chemin obligatoire pour piétons et réservé aux piétons.

Chemin obligatoire pour cavaliers et réservé aux cavaliers.

Vitesse minimale obligatoire.

Chaînes à neige obligatoires sur au moins deux roues motrices.

Voie réservée aux véhicules des services réguliers de transport en commun.

Signalisation de fin d'obligation

Ils mettent fin à l'obligation précédemment imposée. En règle générale, le panneau à fond bleu est traversé par une diagonale rouge, sauf quelques exceptions (ex : fin d'allumage des feux).

Fin de piste ou bande obligatoire pour cycle.

Fin de chemin obligatoire pour piétons.

Fin de chemin obligatoire pour cavaliers.

Fin de vitesse minimale obligatoire.

Fin d'obligation de l'usage des chaînes à neige.

Fin de voie réservée aux véhicules des services réguliers de transport en commun.

Signalisation d'indication

Les panneaux d'indication donnent des informations sur la conduite des véhicules (ex : arrêt d'autobus) ou sur les aménagements mis en place (ex : parc de stationnement).

Indications de conduite

Lieu aménagé pour le stationnement.

Lieu aménagé pour le stationnement gratuit à durée limitée avec contrôle par disque.

Lieu aménagé pour le stationnement payant.

Vitesse conseillée.

Fin de vitesse conseillée.

Station de taxis.

Arrêt d'autobus.

Emplacement d'arrêt d'urgence.

Circulation à sens unique.

Impasse.

Présignalisation d'une impasse.

Impasse comportant une issue pour les piétons.

Impasse comportant une issue pour les piétons et les cyclistes.

Priorité par rapport à la circulation venant en sens inverse.

Passage pour piétons.

Traversée de voies de tramways.

Stationnement réglementé pour les caravanes et les autocaravanes.

Surélévation de chaussée.

Route à accès réglementé.

Fin de route à accès réglementé.

Entrée d'un tunnel.

Sortie de tunnel.

Piste ou bande cyclable conseillée et réservée aux cycles à deux ou trois roues.

Fin d'une piste ou d'une bande cyclable conseillée et réservée aux cycles à deux ou trois roues.

Présignalisation d'un créneau de dépassement ou d'une section de route à chaussées séparées.

Créneau de dépassement à trois voies affectées "deux voies dans un sens et une voie dans l'autre".

Section de route à trois voies affectées "deux voies dans un sens et une voie dans l'autre".

Fin d'un créneau de dépassement à trois voies affectées.

Voie verte.

Fin de voie verte.

Conditions particulières de circulation par voie sur la route suivie.

Voies affectées.

Conditions particulières de circulation sur la route ou la voie embranchée.

Réduction du nombre de voies sur une route à chaussées séparées ou sur un créneau de dépassement à chaussées séparées.

Indications diverses.

Présignalisation de la praticabilité d'une section de route.

Indication aux frontières des limites de vitesse sur le territoire français.

Voie de détresse à droite.

Voie de détresse à gauche.

Station d'autopartage. Arrêt et stationnement réservés aux véhicules bénéficiant du label "autopartage".

Indications de services

Poste de secours.

Poste d'appel d'urgence.

Cabine téléphonique publique.

Informations relatives aux services ou activités touristiques.

Terrain de camping pour tentes.

Terrain de camping pour caravanes et autocaravanes.

Terrain de camping pour tentes, caravanes et autocaravanes.

Auberge de jeunesse.

Chambre d'hôtes ou gîte.

Point de départ d'un itinéraire pédestre.

Point de départ d'un circuit de ski de fond.

Emplacement pour pique-nique.

Gare auto/train.

Parc de stationnement sous vidéosurveillance.

Embarcadère.

Toilettes ouvertes au public.

Poste de distribution de carburant ouvert 7 jours sur 7 et 24 heures sur 24.

Marque du poste de distribution de carburant ouvert 7 jours sur 7 et 24 heures sur 24.

Installations accessibles aux personnes handicapées à mobilité réduite.

Restaurant ouvert 7 jours sur 7.

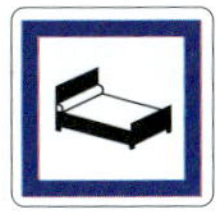

Hôtel ou motel ouvert 7 jours sur 7.

Débit de boissons ou établissement proposant des collations sommaires ouvert 7 jours sur 7.

Station de vidange pour caravanes, autocaravanes et cars.

Distributeur de billets de banque.

Station de gonflage, hors station-service, dont l'usage est gratuit.

Point de détente.

Poste de dépannage.

Moyen de lutte contre l'incendie.

Emplacement de mise à l'eau d'embarcations légères.

Gare de téléphérique.

Point de départ d'un télésiège ou d'une télécabine.

Point de vue.

Installations ou services divers.

Point du réseau de distribution "écotaxe" (taxe nationale sur les véhicules de transport de marchandises).

Fréquence d'émission d'une station de radiodifusion dédiée aux informations sur la circulation routière et l'état des routes.

Jeux d'enfants.

Issue de secours vers la droite.

Issue de secours vers la gauche.

Panneau d'information service.

■ Signaux lumineux d'intersection

Signaux tricolores circulaires.

Signaux tricolores directionnels.

Signaux tricolores modaux.

Signaux tricolores modaux.

Signaux pour véhicules des services réguliers des transport en commun.

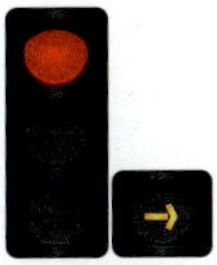

Signaux d'anticipation directionnels.

Signaux d'anticipation modaux.

Signaux d'autorisation conditionnelle de franchissement pour cycles.

Signal piéton.

Signalisation de localisation

Les panneaux de localisation donnent des indications sur le lieu rencontré. Ils signalent les lieux-dits, les cours d'eau, les agglomérations...

Ce panneau signifie :
- Entrée dans l'agglomération de Montpellier.
- Vitesse limitée à 50 km/h dans toutes les rues.
- Usage de l'avertisseur sonore interdit sauf danger immédiat.

Entrée d'agglomération.

Sortie d'agglomération.

Localisation d'une aire autoroutière.

Lieu-dit sur une route départementale.

Localisation d'une aire routière.

Localisation d'un cours d'eau.

Localisation d'un parc national, d'un parc naturel régional, d'une réserve naturelle ou d'un terrain du Conservatoire du littoral et des rivages lacustres.

Appartenance d'une commune à un parc national, à un parc naturel régional, à une réserve naturelle ou à une zone du Conservatoire du littoral et des rivages lacustres.

Entrée d'un département ou d'une région administrative.

Signalisation de direction

Elle vous permet de choisir suffisamment tôt la direction à prendre.

On distingue quatre types de panneaux.

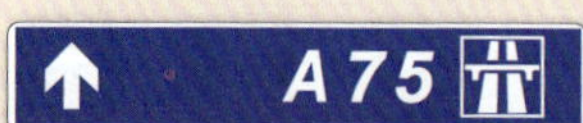

Les panneaux bleu foncé à lettres blanches, avec ou sans le symbole de l'autoroute : Ils donnent les indications concernant l'autoroute et les directions des autoroutes.

Les panneaux verts à lettres blanches : Ils concernent les liaisons entre les villes importantes sur le réseau routier.

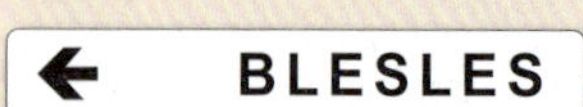

Les panneaux blancs à lettres noires : Ils concernent les liaisons entre les villes d'importance secondaire sur le réseau local ou régional.

Les panneaux jaunes à lettres noires : Ils concernent les itinéraires temporaires.

6 La conduite

Les règles de **priorité**

■ Priorité à droite

Vous devez céder le passage aux usagers qui arrivent sur votre droite. La règle de priorité est la même si aucun panneau ne se trouve à l'intersection.

Sans signalisation

Ordre de passage des véhicules : 1, 2 et 3.

Avec signalisation

Ordre de passage des véhicules : 1, 2 et 3.

■ Route à caractère prioritaire

Vous êtes prioritaire à toutes les intersections rencontrées tant que vous restez sur cette route. Les autres usagers devront respecter un "stop" ou un "cédez le passage".

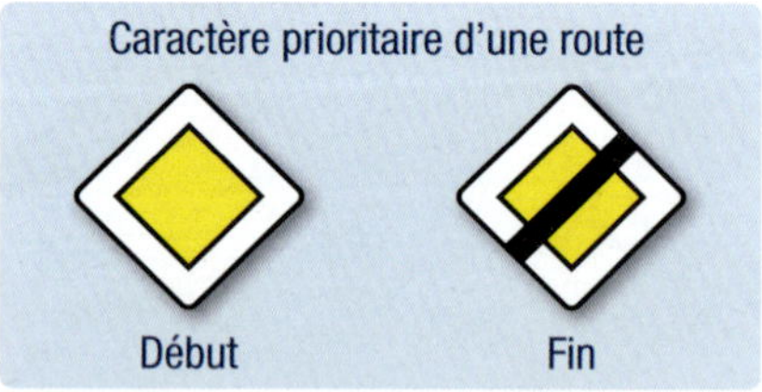

Intersection complexe

Le panneau peut être complété par un panonceau "schéma".

Dans ce cas, les traits épais représentent la route à caractère prioritaire.

■ Priorité ponctuelle

Vous bénéficierez de la priorité uniquement à la prochaine intersection.

Intersection avec une route dont les usagers doivent céder le passage

Ordre de passage des véhicules : 1 et 2.

■ Stop

Vous devez vous arrêter, même si aucun usager ne se trouve sur la route abordée. L'arrêt doit se faire au niveau de la ligne au sol.

Arrêt à l'intersection

Signal avancé — Signal de position

■ "Cédez le passage"

Vous devez vous arrêter uniquement si un usager circule sur la route abordée. Dans le cas contraire, vous devez seulement ralentir et vous engager.

Cédez le passage à l'intersection

Signal avancé — Signal de position

■ Les feux

Feu vert : autorisation de passer.

Vous êtes prioritaire mais vous devez tout de même contrôler à droite et à gauche à l'intersection.

Vous ne devez pas vous engager si vous risquez d'être bloqué dans l'intersection lorsque le feu deviendra rouge.

Feu jaune : arrêt obligatoire sauf en cas d'urgence.
Il précède de quelques secondes le feu rouge.

Feu rouge : interdiction de passer, arrêt obligatoire.
Vous devez vous arrêter à l'aplomb du feu ou au niveau de la ligne d'effet.

■ Carrefour à sens giratoire

En général, vous devez rester sur la droite de la chaussée pour aller en face ou à droite. Vous pouvez vous rapprocher du centre ou de la gauche de la chaussée si vous souhaitez aller à gauche ou faire un tour complet.

Méfiance, certaines intersections avec un terre plein central n'ont pas de signalisation. On les appelle des ronds-points, la règle du céder le passage à droite à chaque branche s'applique.

■ Les chaussées avec flèches directionnelles

Lorsque des flèches au sol sont matérialisées, vous devez vous placer sur la voie qui correspond à la direction choisie. Si plusieurs files vont dans la même direction, vous devez vous placer sur la voie la plus à droite.

Les règles de **dépassement**

Le dépassement

Avant de pouvoir dépasser, vous devez vous assurer que la signalisation autorise la manœuvre et que la route est libre.
Le dépassement s'effectue toujours par la gauche, sauf lorsque le véhicule qui vous précède a annoncé son intention de tourner à gauche.

Pour dépasser un piéton, un cycle, ou un animal, vous devez laisser une distance minimum de :
- 1 mètre quand vous êtes en ville,
- 1,50 mètre quand vous circulez hors agglomération.

Être dépassé

Lorsque l'on vous dépasse, vous devez rester sur la droite et tenir fermement le guidon pour limiter les effets du déplacement d'air, surtout quand un poids lourd vous dépasse.

Les intersections

Une intersection est un endroit très dangereux car des véhicules venant de différentes directions se rencontrent.

Vous devez donc respecter plusieurs mesures de sécurité :
- ralentir même si vous bénéficiez de la priorité,
- contrôler le mouvement des véhicules venant des différentes rues.

Une ligne continue interdit tout dépassement.

Les vitesses

■ Règle

Vous devez toujours rester maître de votre vitesse et de votre véhicule.
Cela signifie qu'il faut respecter les limitations de vitesse, mais surtout adapter sa vitesse aux circonstances (météo, état de la route, densité de circulation...).

■ Les vitesses maximales autorisées

		Beau temps sec	Précipitations	Visibilité < 50 m
Autres routes	COURPIÈRE (barré)	90 *	80	50
Agglomérations	COURPIÈRE	50	50	50
Cyclomotoristes		45	45	45

** vitesse rabaissée à 80 km/h pour les élèves conducteurs ou les conducteurs novices.*

■ Vitesse limitée par la signalisation

Un cyclomoteur est limité en vitesse par construction à 45 km/h.
Toute modification peut entraîner une condamnation pour délit avec peine de prison.

Un panneau de limitation est implanté lorsqu'il existe un danger potentiel. Vous devez respecter cette signalisation et ne pas dépasser la vitesse inscrite sur le panneau.

En agglomération la vitesse peut être limitée à 20 ou 30 km/h dans un ensemble de rues faisant l'objet d'aménagements spécifiques et dont les entrées et les sorties sont annoncées par une signalisation.

■ Vitesse limitée par les autres usagers

Transport en commun
Lorsque vous croisez ou dépassez un bus à l'arrêt, ralentissez, car des piétons peuvent déboucher rapidement.

Piétons
Ralentissez aux abords des passages piétons et soyez particulièrement attentif aux enfants et aux personnes âgées.

Cyclistes
Ralentissez pour gérer un éventuel écart de leur part.

Ralentissez aussi :
- aux intersections,
- en présence d'un véhicule prioritaire,
- à proximité de travaux,
- en présence d'animaux.

■ La fin de limitation de vitesse

Ce panneau signifie que la vitesse n'est plus limitée à 60 km/h.

Ce panneau met fin à toutes les interdictions* précédemment signalées, dont la limitation de vitesse.
* sauf les interdictions concernant le stationnement et l'arrêt.

Ce panneau indique que vous sortez d'une agglomération.
La vitesse n'est donc plus limitée à 50 km/h.

■ Le lieu-dit

Il signale un groupe d'habitations où la réglementation particulière aux agglomérations ne s'applique pas.
La vitesse n'est pas limitée à 50 km/h, mais vous devez ralentir en fonction du danger.

Les panneaux de danger

Ils vous annoncent une zone dangereuse où vous devez ralentir même si vous êtes prioritaire.

Autres circonstances

Vous devez aussi ralentir à l'approche :
- des feux tricolores qui peuvent changer de couleur,
- des feux jaunes clignotants qui annoncent un danger,
- d'un passage à niveau.

Vitesse limitée par le tracé de la route

Vous devez ralentir dans les situations suivantes car elles sont potentiellement dangereuses :

Sommet de côte : visibilité réduite

Descente abrupte : risque de se laisser emporter par la descente.

Route déformée et présence de gravillons : risque de perte d'adhérence

Virage : anticiper l'effet de la force centrifuge et la réduction de visibilité

■ Les conditions atmosphériques

Les conditions atmosphériques difficiles nécessitent une adaptation de la conduite car l'adhérence et la visibilité sont diminuées par rapport à un temps sec.

La pluie

Il faut réduire son allure, augmenter les distances de sécurité, adopter une conduite souple et éviter de rouler dans les flaques d'eau, sur les plaques d'égouts et le marquage au sol.

Le brouillard

Il empêche de voir mais aussi d'être vu. Il faut donc réduire sa vitesse, augmenter les distances de sécurité et se rendre visible (feux allumés vêtements clairs avec des bandes réfléchissantes).

La neige et le verglas

Il faut réduire sa vitesse, bien se couvrir, et être vigilant dans les zones potentielles de verglas (ponts, zones d'ombre, bois…). Il est conseillé d'éviter tout déplacement par temps de neige ou de verglas.

Le vent

Les deux roues sont très sensibles au vent. Pour diminuer les risques, il faut tenir fermement le guidon, être vigilant lors des croisements et des dépassements (notamment avec les camions), et réduire son allure.

L'averse d'été est très dangereuse car la pluie humidifie les poussières déposées sur la route, ce qui rend la chaussée très glissante.

L'adhérence du cyclo

■ L'adhérence

Vous n'avez que deux-roues pour garantir votre sécurité, c'est pourquoi vous devez vous préoccuper de l'adhérence qui dépend de l'état de la route et de vos pneus.

Les pneus adhèrent mieux sur une route sèche que sur une route humide.
La distance de freinage est d'ailleurs multipliée par deux sur une route mouillée.

La qualité du freinage

Le blocage des roues use les pneus et allonge les distances de freinage.
Vous risquez aussi de déraper et de perdre la maîtrise du cyclo.

Lors d'un freinage, vous devez tendre les bras, et le buste doit être légèrement incliné vers l'arrière pour ne pas taper le guidon.

Le marquage au sol, les plaques d'égouts deviennent des zones très glissantes par temps de pluie sur lesquelles il faut éviter de freiner ou d'incliner le deux roues.

La masse

La distance de freinage sera plus importante si vous transportez des passagers ou des bagages car la masse de l'ensemble est plus grande.

État du cyclo

Les pneus d'un cyclo ont peu de surface de contact avec la route. Il faut donc particulièrement veiller à leur état. Un pneu usé possède moins d'adhérence qu'un pneu neuf. De plus, les suspensions et les freins en mauvais état allongent les distances de freinage.

Les distances

L'intervalle de sécurité

Pour avoir le temps de vous arrêter, vous devez conserver une distance de sécurité avec le véhicule qui vous précède.

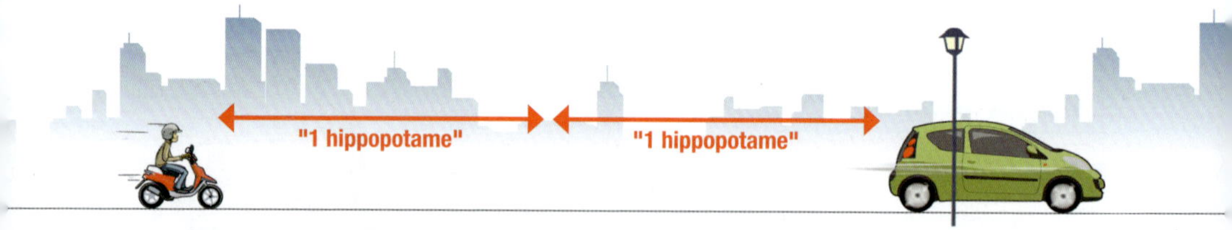

Pour vous aider à estimer cet intervalle, il existe un "truc" :
Lorsque la voiture qui est devant vous (ici, la verte) passe devant un repère fixe (ici, le réverbère), prononcez deux fois de suite un mot dont la prononciation dure une seconde.
Lorsque vous passez à votre tour devant ce repère fixe, vous devez avoir entièrement fini de prononcer deux fois "un hippopotame" ou "une seconde".
De cette façon, vous respectez le bon intervalle de sécurité !

■ Le temps de réaction

C'est le temps qui s'écoule entre la perception d'un signal (1) (ici, le hérisson qui traverse) et l'action apportée en réponse (2) (ex : freinage).

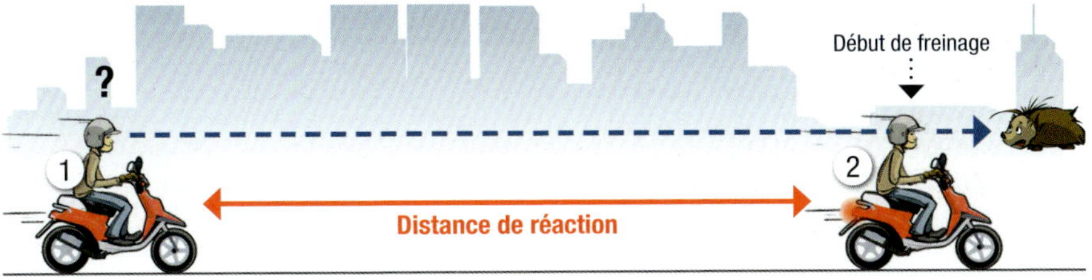

La durée du temps de réaction en conditions normales est estimée à 1 seconde en moyenne.
Le temps de réaction peut varier en fonction de l'attention, de l'état physique, de la fatigue, de la consommation d'alcool ou de médicaments....

Calcul rapide
Pour calculer rapidement la distance parcourue pendant le temps de réaction (1 seconde), il suffit de multiplier par 3 le chiffre des dizaines de la vitesse.

À 50 km/h, vous parcourez environ : 5 x 3 = 15 mètres en 1 seconde.

Vitesse	Calcul
50 km/h	**5**0 x **3** = **15** mètres
80 km/h	**8**0 x **3** = **24** mètres
100 km/h	**10**0 x **3** = **30** mètres
110 km/h	**11**0 x **3** = **33** mètres

■ La distance de freinage

C'est la distance parcourue par votre véhicule entre le début du freinage et son arrêt complet.

Le rôle des freins de votre véhicule consiste à transformer l'énergie cinétique (élan accumulé par le véhicule) en chaleur par frottement. Cette transformation permet d'arrêter votre véhicule.

Les facteurs qui influencent la distance de freinage

La vitesse

La distance de freinage est proportionnelle au carré de la vitesse. Lorsque la vitesse double, la distance de freinage est multipliée par quatre.

Lorsque la vitesse triple, la distance de freinage est multipliée par neuf.

Le chargement

Plus votre véhicule est chargé, plus la distance de freinage est importante.

L'adhérence

Sur une route mouillée, la distance de freinage est deux fois plus importante que sur une route sèche, car les roues se bloquent plus facilement.

■ La distance d'arrêt

La distance d'arrêt est égale à la distance parcourue pendant le temps de réaction à laquelle s'ajoute la distance de freinage.

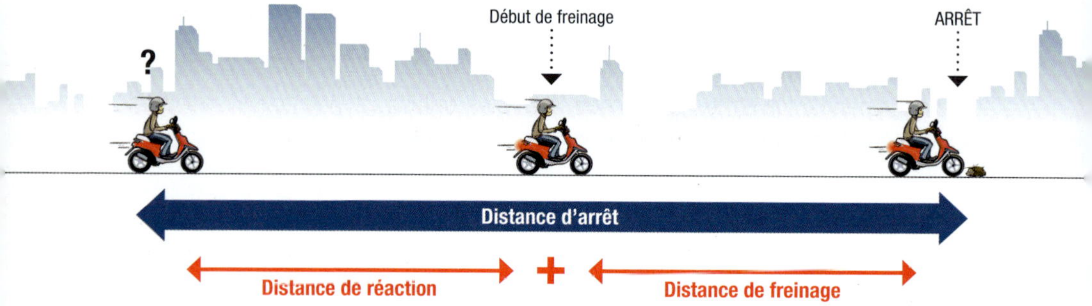

Calcul rapide

Multipliez le chiffre des dizaines de la vitesse par lui-même et vous obtenez la distance d'arrêt moyenne sur route sèche.

Vitesse	Calcul	Route sèche	Route mouillée
50 km/h	**5**0 x **5**	**25** mètres	**38** mètres
80 km/h	**8**0 x **8**	**64** mètres	**96** mètres
100 km/h	**10**0 x **10**	**100** mètres	**150** mètres
110 km/h	**11**0 x **11**	**121** mètres	**182** mètres

Calcul route mouillée

Distance d'arrêt sur route sèche + la moitié de cette même distance d'arrêt.

Ex : à 100 km/h = 100 m + 50 m = 150 m.

Bien voir pour bien conduire

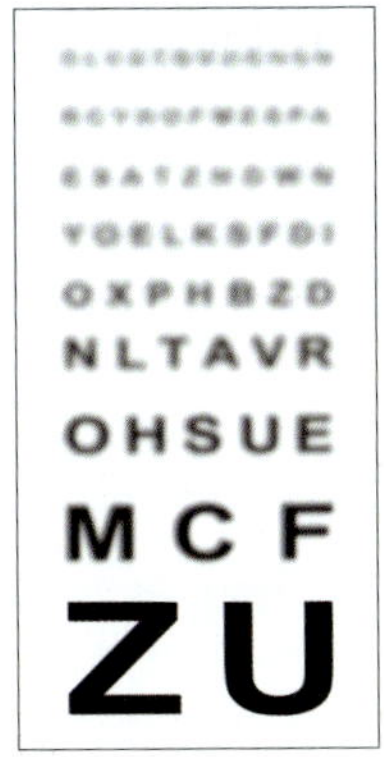

90% des décisions et des gestes nécessaires à la conduite dépendent des yeux du conducteur. La visibilité est réduite la nuit ou par mauvais temps, mais aussi lorsque le conducteur est ébloui par le soleil.
Toutefois, il ne suffit pas d'avoir une bonne vision pour bien conduire. Il faut aussi développer de bonnes habitudes visuelles pour saisir rapidement un maximum d'informations.

Faire contrôler sa vue régulièrement et si nécessaire, la faire corriger, font partie des règles élémentaires à respecter avant de prendre la route.

Avant chaque départ, vous devez veiller à avoir une visibilité parfaite. Le pare-brise ou la visière, les rétroviseurs, les feux ou vos lunettes doivent être dans un état parfait.
Il faut toujours essayer d'avoir un regard le plus large possible, mais plus la vitesse augmente, et plus le champ visuel se réduit.

Les rétroviseurs de votre véhicule ne sont pas suffisants pour avoir une vision parfaite car des angles morts subsistent de chaque côté.

La nuit, l'acuité visuelle baisse, la vision des contrastes et des couleurs s'atténue, et l'appréciation du relief est perturbée, le champ visuel est réduit au faisceau des feux et les yeux ont des difficultés à s'adapter rapidement aux changements d'éclairage dus aux croisements d'autres véhicules.

Être vu

Vous devez être sûr d'être parfaitement vu par les autres usagers :
- la nuit,
- à la tombée de la nuit,
- au lever du soleil,
- lorsque les conditions météo réduisent la visibilité,
- quand le soleil est face aux véhicules que vous croisez.

Dans toutes ces situations, même si cela vous paraît inutile, vous devez utiliser vos feux, être habillé avec des vêtements clairs et être équipé d'un gilet avec des dispositifs réfléchissants.

■ Le téléphone

La réglementation
L'usage du téléphone en conduisant constitue une infraction car :
"Tout conducteur de véhicule doit se tenir constamment en état et en position d'exécuter commodément et sans délai toutes les manoeuvres qui lui incombent."

Les sanctions
Le conducteur qui conduit en téléphonant risque une amende de 135 € et un retrait de 3 points sur le permis de conduire.

Les risques du téléphone aux commandes d'un véhicule
- non-respect de certaines règles de circulation,
- diminution de la vigilance,
- conduite d'une main sauf pour l'utilisation d'un kit mains libres,
- augmentation du temps de réaction,
- écarts de direction,
- ralentissement anormal de l'allure.

Les règles d'utilisation
- couper la sonnerie en conduite,
- mettre la messagerie,
- s'arrêter dans un lieu adapté pour téléphoner.

■ Forme et efficacité

Une très bonne forme physique permet de bien voir, d'effectuer des gestes précis et d'avoir une vigilance optimale. Ces critères étant indispensables pour avoir une conduite en sécurité.

La fatigue

Elle peut être due à de mauvaises conditions atmosphériques, une mauvaise position de conduite, une circulation dense, une mauvaise forme physique, la prise de médicaments ou d'alcool et à l'inexpérience de la conduite.

Elle occasionne des gestes moins précis, des réflexes altérés, de la nervosité et de la prise de risque pour arriver plus vite.
Lorsque vous êtes fatigué, évitez de conduire, faites des pauses et soyez très vigilant.

Les médicaments

Ils sont indispensables pour se soigner, mais ils entraînent souvent des troubles incompatibles avec la conduite.

Il faut lire la notice, respecter les posologies et demander conseil à un médecin ou à un pharmacien.

L'apposition d'un pictogramme sur le conditionnement d'un médicament est obligatoire dès lors que sa consommation est susceptible d'altérer la capacité à conduire un véhicule (baisse de vigilance, somnolence).

Les conséquences néfastes des médicaments sont aggravées s'ils sont mal utilisés ou associés avec de l'alcool.

Soyez prudent
Ne pas conduire sans avoir lu la notice.

Soyez très prudent
Ne pas conduire sans l'avis d'un professionnel de santé.

Attention, danger : ne pas conduire !
Pour la reprise de la conduite, demandez l'avis d'un médecin.

Les drogues

Les drogues agissent sur le cerveau et les effets qu'elles produisent sont incompatibles avec la conduite. Bien souvent, le conducteur sous l'influence de drogues n'est pas conscient que ses facultés sont affaiblies.

En fonction des substances, les effets sont divers mais ils sont, dans tous les cas, incompatibles avec la conduite.

Effets physiologiques
Ralentissement de l'activité cérébrale, mauvaise appréciation des distances et des vitesses, allongement des temps de décision, ralentissement des réflexes, hallucinations, attention diminuée, coordination perturbée, fatigue, somnolence...

Effets sur le comportement
Euphorie, sentiment de puissance, accroissement de la prise de risques, anxiété, agressivité, violence, mauvaise humeur, nervosité, crispation…

L'alcool

Il entraîne les effets suivants :
- champ visuel réduit,
- prise de risque,
- vision altérée,
- sur-estimation de ses capacités,
- augmentation du temps de réaction,
- euphorie, agressivité.

Les effets de l'alcool commencent dès l'absorption du premier verre.

Avant de conduire, il ne faut pas boire.

La réglementation

Le conducteur est en infraction s'il conduit avec un taux d'alcool supérieur ou égal à : 0,5 g par litre de sang ou 0,25 mg par litre d'air expiré.

1 "Dose-bar" = 0,20 g/l

Chaque verre consommé, du type d'une dose servie dans un bar, fait monter le taux d'alcool de 0,20 g à 0,25 g d'alcool pur en moyenne.

1 verre de vin (12,5 cl à 11°) = 1 verre de bière (25 cl à 5°) = 1 verre de whisky (4 cl à 40°)

Les sanctions

Conduire avec un taux d'alcool compris entre 0,5 et 0,79 gramme par litre de sang (ou 0,25 à 0,39 mg par litre d'air expiré) constitue une contravention.

Sanctions :
- amende (750€ maximum),
- suspension du permis pouvant atteindre 3 ans.
- retrait de 6 points sur le permis de conduire.

Conduire avec un taux d'alcool supérieur ou égal à 0,8 gramme par litre de sang (ou 0,4 mg par litre d'air expiré) constitue un délit.

Sanctions :
- amende (4500€ maximum),
- prison (2 ans, 4 ans en cas d'homicide),
- suspension ou annulation du permis de conduire,
- peines complémentaires (travail d'intérêt général...),
- retrait de 6 points sur le permis de conduire.

■ Les contrôles

Le contrôle de l'alcoolémie est obligatoire en cas :
- d'accident corporel,
- d'infraction grave.

Vous pouvez aussi être contrôlé :
- en cas d'accident matériel,
- lors d'un contrôle routier.

■ Les moyens de contrôle

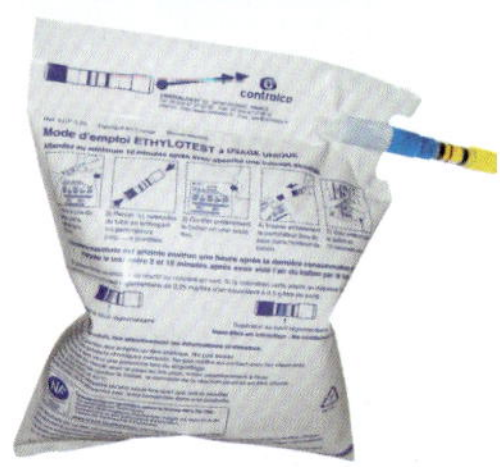

L'alcootest ou ballon

Vous gonflez un ballon puis l'air sera explusé à travers un tube contenant un réactif chimique jaune. Si le réactif vire au vert au-delà du repère, il y a présomption d'état alcoolique supérieur à la norme.
Dans ce cas, les forces de l'ordre utiliseront un des deux moyens de contrôle incontestable, à savoir la prise de sang ou l'éthylomètre.

L'éthylotest

Comme le ballon, cet appareil électronique n'indique qu'une présomption de l'état alcoolique qui devra être confirmée par la prise de sang ou l'éthylomètre.

La prise de sang

Elle est de moins en moins pratiquée sauf si l'on ne peut pas faire autrement (blessures empêchant de souffler).

L'éthylomètre

C'est un appareil électronique qui mesure le taux d'alcool en milligramme par litre d'air expiré. Les mesures effectuées par cet appareil sont incontestables et ne nécessitent pas d'analyse de sang complémentaire.

Les statistiques

Malgré une baisse du nombre de morts sur la route, l'insécurité routière reste la première cause de mortalité chez les jeunes de 0 à 24 ans.

Ils représentent 1/10ème de la population mais 3/10èmes des morts sur la route.
En 2012, il y a eu 3653 morts dont 999 de moins de 25 ans.

En 2012, l'insécurité routière a coûté 22 milliards d'euros, soit 1% du PIB :
- 9,5 milliards d'euros pour les accidents corporels,
- 12,5 milliards d'euros pour les accidents matériels.

Répartition des décès des jeunes de moins de 25 ans en fonction du moyen de déplacement en 2012 :
- hommes : 760 tués,
- femmes : 239 tuées.

Tués de moins de 25 ans selons les principales catégories.

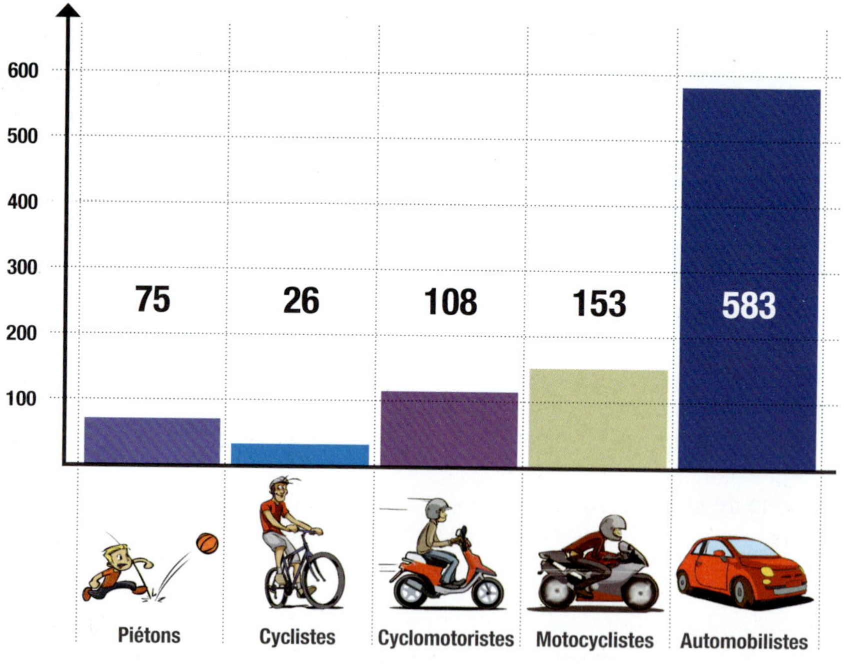

54 jeunes sont décédés avec d'autres modes de transport (PL, bus, quadricycles...).

L'assurance

■ Une obligation

L'assurance responsabilité civile appelée aussi "aux tiers" constitue le minimum obligatoire pour les conducteurs de cyclo. Elle couvre les dégâts matériels et corporels occasionnés aux autres usagers.

■ Les garanties complémentaires

Vous pouvez souscrire des contrats complémentaires pour être mieux assuré :
- **Vol - incendie** : pour être indemnisé dans ces circonstances.
- **Défense recours** : pour se défendre devant les tribunaux.
- **Dommage collision** : pour être indemnisé en cas d'accident avec un tiers identifié.
- **Tous risques** : pour couvrir l'ensemble des risques de la conduite.
- **Conducteur** : pour couvrir personnellement le conducteur.

■ La souscription du contrat

Pour les mineurs, le contrat doit être signé par les parents. Vous serez simplement désigné comme le conducteur principal.

■ Les documents

L'attestation d'assurance, appelée carte verte, prouve que le cyclo est assuré. Elle doit être signée par vos parents et vous devez la conserver sur vous. Le certificat d'assurance est une vignette que vous devez coller sur le garde-boue avant.

■ Le constat

En cas d'accident, les responsabilités seront déterminées par le rapport de police, les témoignages et le constat amiable.

Si un constat a été rempli, vous devez l'envoyer à votre assureur dans un délai de cinq jours.

Si vous êtes perturbé par l'accident, il est préférable de ne pas remplir seul le constat. Vous noterez simplement les coordonnées du conducteur impliqué dans l'accident ainsi que le numéro de sa plaque d'immatriculation, et vous donnerez l'adresse de vos parents.

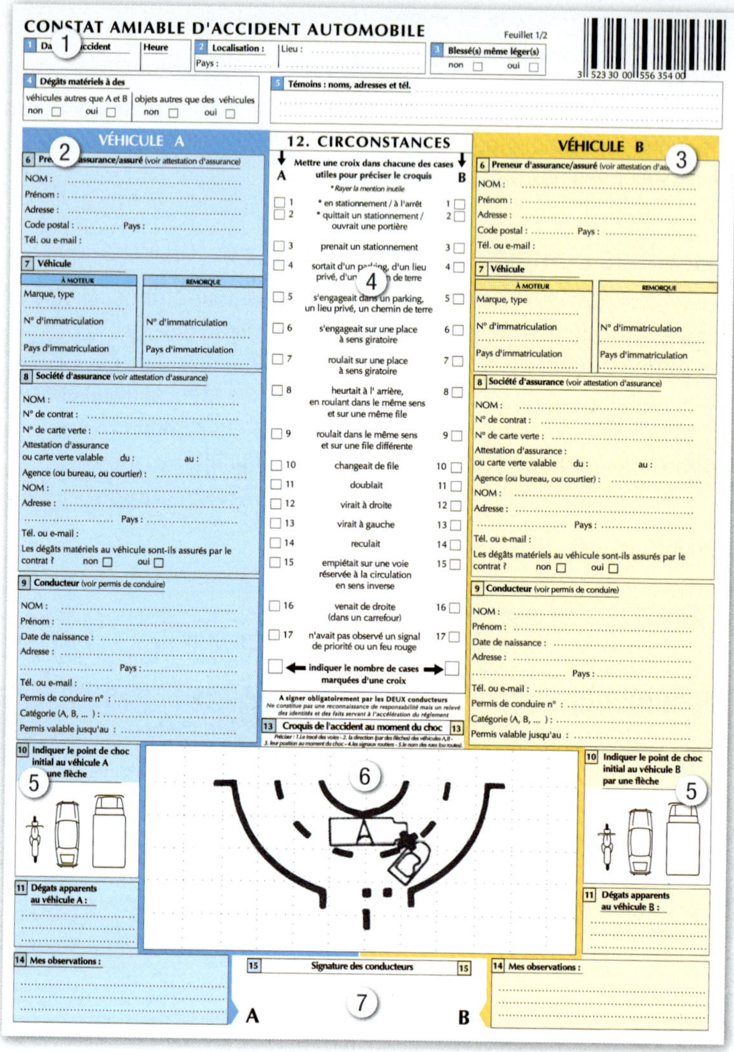
CONSTAT AMIABLE D'ACCIDENT AUTOMOBILE

Feuillet 1/2

1 Date de l'accident | Heure | 2 Localisation : Pays : | Lieu : | 3 Blessé(s) même léger(s) non ☐ oui ☐

4 Dégâts matériels à des véhicules autres que A et B non ☐ oui ☐ | objets autres que des véhicules non ☐ oui ☐

5 Témoins : noms, adresses et tél.

VÉHICULE A

6 Preneur d'assurance/assuré (voir attestation d'assurance)

NOM :
Prénom :
Adresse :
Code postal : Pays :
Tél. ou e-mail :

7 Véhicule

À MOTEUR: Marque, type; N° d'immatriculation; Pays d'immatriculation
REMORQUE: N° d'immatriculation; Pays d'immatriculation

8 Société d'assurance (voir attestation d'assurance)

NOM :
N° de contrat :
N° de carte verte :
Attestation d'assurance ou carte verte valable du : au :
Agence (ou bureau, ou courtier) :
NOM :
Adresse :
Pays :
Tél. ou e-mail :
Les dégâts matériels au véhicule sont-ils assurés par le contrat ? non ☐ oui ☐

9 Conducteur (voir permis de conduire)

NOM :
Prénom :
Date de naissance :
Adresse :
Pays :
Tél. ou e-mail :
Permis de conduire n° :
Catégorie (A, B, ...) :
Permis valable jusqu'au :

10 Indiquer le point de choc initial au véhicule A par une flèche

11 Dégâts apparents au véhicule A :

14 Mes observations :

12. CIRCONSTANCES

Mettre une croix dans chacune des cases utiles pour préciser le croquis (A / B)

* Rayer la mention inutile

1 * en stationnement / à l'arrêt
2 * quittait un stationnement / ouvrait une portière
3 prenait un stationnement
4 sortait d'un parking, d'un lieu privé, d'un chemin de terre
5 s'engageait dans un parking, un lieu privé, un chemin de terre
6 s'engageait sur une place à sens giratoire
7 roulait sur une place à sens giratoire
8 heurtait à l'arrière, en roulant dans le même sens et sur une même file
9 roulait dans le même sens et sur une file différente
10 changeait de file
11 doublait
12 virait à droite
13 virait à gauche
14 reculait
15 empiétait sur une voie réservée à la circulation en sens inverse
16 venait de droite (dans un carrefour)
17 n'avait pas observé un signal de priorité ou un feu rouge

indiquer le nombre de cases marquées d'une croix

A signer obligatoirement par les DEUX conducteurs
Ne constitue pas une reconnaissance de responsabilité mais un relevé des identités et des faits servant à l'accélération du règlement

13 Croquis de l'accident au moment du choc

15 Signature des conducteurs — A — B

VÉHICULE B

6 Preneur d'assurance/assuré (voir attestation d'assurance)
7 Véhicule
8 Société d'assurance (voir attestation d'assurance)
9 Conducteur (voir permis de conduire)
10 Indiquer le point de choc initial au véhicule B par une flèche
11 Dégâts apparents au véhicule B :
14 Mes observations :

1. Informations générales : date, lieu de l'accident, témoins...
2. Renseignements à compléter en utilisant l'attestation d'assurance, la carte grise du véhicule et le permis de conduire.
3. Cette colonne, identique à la colonne A, est à remplir par l'autre conducteur.
4. Circonstances : cochez les cases nécessaires.
5. Indiquez par une flèche le point de choc initial.
6. Ce croquis doit être clair, simple et complet. Il faut positionner les véhicules avec précision, en mentionnant les axes médians et la signalisation routière.
7. Signature des deux conducteurs.

Comportement en cas d'accident

Si les secours sont déjà sur place, il faut passer sans s'arrêter.

S'il n'y a personne, il faut respecter le

P.A.S. : Protéger,
Alerter,
Secourir.

■ Protéger

Protéger les lieux de l'accident afin d'éviter les sur-accidents. Vous devez baliser l'accident en faisant des gestes à l'aide des bras, d'une lampe pour avertir les autres usagers et les faire ralentir.

■ Alerter

Il faut prévenir les pompiers, le SAMU, la police en agglomération ou la gendarmerie hors agglomération. Vous pouvez aussi composer le 112 (Secours européens).

Numéros d'appel d'urgence :

15	Samu
17	Police, Gendarmerie
18	Pompiers
112	Numéro d'appel européen

Il faut fournir des renseignements précis sur l'accident :
- nature de l'accident,
- lieu exact,
- nombre et état des victimes.

Ces indications vont permettre aux secours d'intervenir plus rapidement et d'apporter le matériel adapté à l'accident.

■ Secourir

Si vous ne connaissez pas les gestes de premiers secours, il ne faut pas bouger la victime, son état pourrait s'aggraver. Par contre, si vous maîtrisez ces gestes, vous devez les pratiquer.
Dans tous les cas, vous devez le couvrir et le réconforter.
Il ne faut pas donner à boire ou à manger à un blessé, ni lui enlever son casque, ni le déplacer (sauf risque imminent).

Passer son attestation

Lors du passage de l'attestation de 1er ou de 2ème niveau, 20 questions vont vous être posées. Vous devez répondre correctement à au moins 10 questions pour réussir le test.

Regardez, écoutez, lisez attentivement et choisissez la ou les bonnes réponses. Attention pour certaines questions plusieurs réponses peuvent être possibles.

En cas d'échec à l'attestation de 1er niveau
Vous ne pourrez pas passer le BSR. La conduite d'un cyclomoteur est donc impossible et n'obtiendrez pas la catégorie AM du permis de conduire.

En cas d'échec aux attestations scolaires de sécurité routière
Vous ne pourrez pas vous inscrire en auto école pour passer le permis A ou B ou faire une formation de conduite accompagnée.

7 Tests

Test 1

1. L'hygiène alimentaire peut avoir une influence sur vos capacités à conduire :

- A Oui
- B Non

2. De nuit, pour être visible :
j'utilise mon éclairage :

- A Oui
- B Non

un gilet rétroréfléchissant :

- C Oui
- D Non

3. Je suis en infraction si je conduis avec un taux d'alcool de :

- A 0,3 gramme par litre de sang
- B 0,5 gramme par litre de sang
- C 0,8 gramme par litre de sang

4. Sur un long trajet, il est conseillé de faire des pauses toutes les 2 heures :

- A Oui
- B Non

5. Une mauvaise position de conduite augmente la fatigue :

- A Oui
- B Non

Réponses : 1 A - 2 A/C - 3 B/C - 4 A - 5 A

Test 2

1. À 200 mètres, je serai prioritaire :
   A Oui
   B Non

2. À 150 mètres, je vais rencontrer un stop :
   A Oui
   B Non

3. Ce panneau m'annonce une priorité à droite :
   A Oui
   B Non

4. Je dois céder le passage au véhicule blanc :
   A Oui
   B Non

5. Ce véhicule est prioritaire :
   A Oui
   B Non

   Je ralentis :
   C Oui
   D Non

Réponses : 1 B - 2 B - 3 B - 4 A - 5 B/C

Test 3

1. En cas de port incorrect du casque, le cyclomotoriste risque :
   - [A] L'immobilisation du véhicule
   - [B] Le retrait du BSR
   - [C] Une amende

2. Les deux roues doivent être équipés d'un siège muni d'un système de retenue pour les enfants :
   - [A] De moins de 5 ans
   - [B] De moins de 10 ans

3. Circulant en skate board, je suis considéré comme :
   - [A] Un piéton
   - [B] Un cycliste
   - [C] Un automobiliste

4. Je peux dépasser :
   - [A] Oui
   - [B] Non

5. Je peux dépasser ce véhicule par la droite :
   - [A] Oui
   - [B] Non

Réponses : 1 A/C - 2 A - 3 A - 4 B - 5B

Test 4

1. Je peux continuer tout droit :

- [A] Oui
- [B] Non

2. Ce panneau m'annonce que je vais passer à proximité d'une école :

- [A] Oui
- [B] Non

3. Le marquage au sol est toujours de couleur blanche :

- [A] Oui
- [B] Non

4. Ces balises me signalent :

- [A] Une intersection
- [B] Une priorité à droite
- [C] Un virage

5. Dans cette situation, je dois tenir compte :

- [A] Uniquement du marquage jaune
- [B] Uniquement du marquage blanc
- [C] Du marquage jaune et blanc

Réponses : 1 B - 2 B - 3 B - 4 C - 5 A

Test 5

1. Les cyclomoteurs doivent être immatriculés :

- A Oui
- B Non

2. Dans ces conditions, circulant hors agglomération, je dois allumer :

- A Les feux de position seuls
- B Les feux de croisement
- C Les feux de route

3. Les usagers arrivant sur la route transversale peuvent avoir la signalisation suivante :

- A 
- B 
- C 

- D 

4. Ce véhicule reste en feux de route, je lui fais un bref appel de phares :

- A Oui
- B Non

5. L'aquaplaning se rencontre en présence :

- A De neige
- B De brouillard
- C De pluie

Réponses : 1 A - 2 B - 3 A - 4 A - 5 C

Test 6

1. Ce panneau m'annonce la proximité d'un feu tricolore :

- A Oui
- B Non

2. Ce feu est implanté :

- A Aux intersections
- B Aux passages à niveau

3. Dans cette situation, je tiens compte du panneau situé sous le feu :

- A Oui
- B Non

4. Pour traverser la chaussée, je dois obligatoirement emprunter un passage pour piétons s'il y en a un à moins de :

- A 25 mètres
- B 50 mètres

5. Ce signal interdit aux piétons de traverser :

- A Oui
- B Non

Réponses : 1A - 2B - 3B - 4B - 5A

Test 7

1. Je peux acheter un casque d'occasion de moins de 5 ans :

- [A] Oui
- [B] Non

de plus de 5 ans :

- [C] Oui
- [D] Non

2. Je dois obligatoirement posséder un constat dans mon véhicule :

- [A] Oui
- [B] Non

3. Je dois contrôler tous les 15 jours environ :

- [A] L'état des câbles
- [B] La poignée de gaz
- [C] La pression des pneus
- [D] Le filtre à air

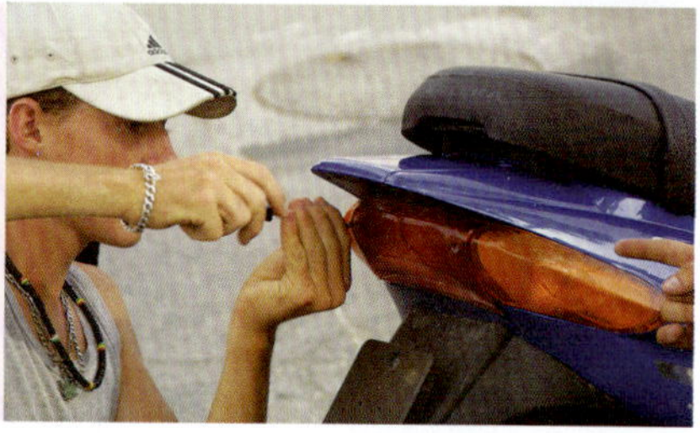

4. Pour avertir les secours, je dois composer :

- [A] Le 11
- [B] Le 12
- [C] Le 15

5. Pour secourir un blessé, il faut :

- [A] Le couvrir avec une couverture
- [B] Lui parler pour le rassurer
- [C] Lui donner de l'eau à boire

Réponses : 1 B/D - 2 B - 3 A/B/C - 4 C - 5 A/B

Mes **notes**

Mes notes

Mes **notes**

Formez-vous aussi sur internet en vous connectant à

www.assr.fr/ediser

C'est gratuit, Bonne formation !

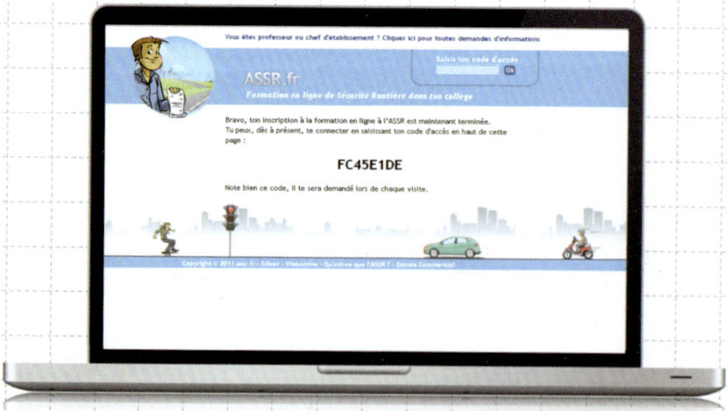